Lewis Carroll

dargestellt von Thomas Kleinspehn

Rowohlt

**rowohlts monographien begründet von Kurt Kusenberg
herausgegeben von Wolfgang Müller und Uwe Naumann**

Redaktionsassistenz: Katrin Finkemeier
Umschlaggestaltung: Walter Hellmann
Vorderseite: Visitenkarte von Lewis Carroll.
Foto von Oscar Gustav Rejlander, 1863
(Gernsheim Collection, Harry Ransom Humanities
Research Center, The University of Texas at Austin)
Rückseite: «Alice im Wunderland». Zeichnung
von John Tenniel, 1866
Frontispiz: «Alice im Wunderland». Zeichnung
von John Tenniel, 1866

Originalausgabe
Veröffentlicht im Rowohlt Taschenbuch Verlag GmbH,
Reinbek bei Hamburg, Mai 1997
Copyright © 1997 by Rowohlt Taschenbuch Verlag GmbH
Alle Rechte an dieser Ausgabe vorbehalten
Satz Times PostScript Linotype, Quark XPress 3.32
Gesamtherstellung Clausen & Bosse, Leck
Printed in Germany
1290-ISBN 3 499 50478 2

Inhalt

Lewis Carrolls Selbstbildnis: wahrscheinlich in seinen Räumen
in Christ Church/Oxford entstanden

Einleitung

«Wir sind sehr stolz auf ihn», hatte mir die alte Dame an der Kasse des kleinen Museums in Guildford gesagt und mich quer durch das verwinkelte Gebäude zu zwei kleinen Räumen geführt, die vollgestellt waren mit Spielzeug aus dem 19. Jahrhundert: eine Wundertrommel und ein mechanisches Karussell, Puppenstuben, ein Stockpferd und eine Laterna magica sowie Vitrinen mit kleineren Spielsachen – scheinbar beliebige Sammelstücke.

Erst wenn man die Bilder an den Wänden betrachtet, private Familienfotos, frühe Daguerreotypien, erkennt man, an wen diese beiden Räume in dem kleinen Städtchen südlich von London erinnern sollen: an Lewis Carroll, «den großen Sohn unserer Stadt», wie die Dame vom Empfang nicht müde wurde zu betonen. Hier, wo der berühmte Kinderbuchautor Spuren hinterlassen hat, weiß man auch noch seinen eigentlichen Namen, Charles Lutwidge Dodgson. Unter ihm hat er ein bürgerliches Leben als Priester und Mathematik-Dozent in Oxford geführt und bis in die letzten Jahre seines Lebens seine Schwestern in Guildford besucht. Lewis Carroll dagegen steht für eine andere Welt der Phantasie und Träume, der Kinder und der neuen technischen Medien, wie sie seit der Erfindung der Fotografie verfügbar waren.

Gleich um die Ecke, die Hügel aufwärts und von den hinteren Räumen des Museums aus gut zu sehen, liegt «The Chestnuts», eines jener imposanten Bürgerhäuser des 19. Jahrhunderts, wie sie häufig im Süden Englands anzutreffen sind. In dieses Haus war die Familie Dodgson nach dem Tod des Vaters gezogen, hier starb auch Charles Dodgson/Lewis Carroll am 14. Januar 1898. Heute erinnert nur noch eine kleine Tafel daran. Nach wie vor liegt es so verwunschen da, hinter der hohen, efeuumrankten Mauer, als könnte Lewis Carroll noch immer dort leben. Und beinahe ist man geneigt, sich bei der gescheckten Katze, die verträumt zwischen Blumentöpfen sitzt und aus dem Fenster schaut, nach dem Weg zu erkundigen, so wie einst Alice im *Wunderland* die Cheshirekatze fragte.

Geht man nun an der Kirche vorbei, wo der Küster ungefragt erzählt, hier habe Charles Lutwidge Dodgson öfter gepredigt, in die Ortsmitte hinunter und auf der anderen Seite des Tals auf den Friedhof, wird man unweigerlich wieder in die Realität zurückgeholt: Unter einem überraschend großen, bereits etwas verwitterten Kreuz liegt inmitten anderer Gräber auch die Grabstelle von Lewis Carroll: «Wo ich bin, soll auch mein Diener sein», ist auf der Grabplatte zu lesen.

Schon ein kurzer Ausflug an den Ort, wohin es Lewis Carroll[1] in den letzten dreißig Jahren seines Lebens immer wieder gezogen und den er bis zu seinem Lebensende als seine Heimat betrachtet hat, deutet den Zwiespalt in seiner Biographie an: seine offizielle Existenz als Mathematiker und Priester, seine private Phantasiewelt, die er sich mit Kindern schuf, seine Begeisterung für die Technik, das Spielzeug und das damals neue Medium Fotografie. Auch die Bewunderung für einen Menschen, der in seinem Alltag auf vollendete Manieren Wert legte, scheint in der Dame an der Kasse des Museums noch lebendig. Doch auf merkwürdige Weise bleibt in Guildford und an anderen Orten, wo man versucht, die Erinnerung an Lewis Carroll zu pflegen, ein Teil seines Lebens ausgespart, das aber vielleicht erst der Schlüssel zum Verständnis seiner Biographie sein könnte: seine ausgeprägte Leidenschaft für junge Mädchen, die er bei Spaziergängen, in der Eisenbahn, am Strand kennenlernte, die er einlud, für die er Geschichten erfand und die er bis in die achtziger Jahre auch immer wieder fotografierte. Diese Seite seines Lebens scheint in den Stätten seines Wirkens nicht zu existieren, und auch in seinen Tagebüchern, deren Originale in der Handschriftenabteilung des British Museum lagern, sind an vielen Stellen nachträgliche Korrekturen und Tilgungen vorgenommen worden, wo Carroll offenbar auf seine Freundinnen zu sprechen gekommen war. Hat die scheinbar heile Welt des Kinderbuchautors, auf die man in Guildford und Oxford noch so stolz ist, vielleicht auch eine andere, weitaus weniger schickliche Seite? Eine Welt voller geheimer Obsessionen, voller medialer Phantasien, aber auch voller listiger Subversion gegen die alles normierende und beherrschende Gesellschaft? Was die zwei verschiedenen Namen schon andeuten, erweist sich bei genauerer Betrachtung als Kern- und Bezugspunkt der Biographie eines Autors, der es in einer Zeit des Umbruchs und neu aufkommender Medien wie kaum ein anderer verstanden hat, sich diese Medien zunutze zu machen, mit ihnen besonders phantasievoll umzugehen. So hat er in seinen Büchern die Widersprüche seiner Zeit zwischen Schein und Wirklichkeit ebenso aufgegriffen wie schon früh mit dem Voyeurismus der Fotografie gespielt. Beides zusammen schließlich mündet in einer Gesellschaft, die in hohem Maße sexualisiert ist, gleichzeitig aber den Körper in die Intimität der Familie verbannt, in eine explosive Dynamik, wie wir sie heute vielleicht in ganz ähnlicher Weise im Umgang mit den elektronischen Medien erleben können. Die Biographie Lewis Carrolls kann den Blick auf ein Werk freigeben, in dem sich literarische Techniken und technische Medien gegenseitig angeregt haben, in jedem

Fall aber eng miteinander verwoben sind. Schaut man auf nur eine Seite des Lebens von Lewis Carroll, muß sich zwangsläufig ein unvollständiges, verklärtes Bild ergeben.[2] Hier soll es deshalb um alle Facetten des Lewis Carroll gehen und damit auch um die Frage, was die Spaltungen und Trennungen in seinem Leben vor dem Hintergrund der Zeit bedeuten. Erst dann kann man ihn wirklich verstehen.

Nachdem Lewis Carroll zu seinen Lebzeiten als Kinderbuchautor und Nonsense-Dichter gesehen wurde, hat er in den zwanziger Jahren eine Renaissance und damit auch eine Aufwertung erfahren, die erahnen läßt, wie reich sein nicht sehr umfangreiches Werk ist. So hat sich etwa James Joyce in «Finnegans Wake» von ihm inspirieren lassen, die Surrealisten und vor allem André Breton haben in ihm einen Meister gesehen, und Grace Slick und «Jefferson Airplane» haben ihn mit dem Lied vom «White Rabbit» in die Pop-Kultur der sechziger Jahre eingeführt. Doch nicht nur in Literatur, Musik, Theater und Ballett hat Lewis Carroll Eingang gefunden, auch die Computer-Freaks unserer Tage haben «Alice» zu ihrem Kultbuch erkoren.[3] Neuerdings kann man Alice als Buch auf CD-Rom erwerben[4] oder sogar die Abenteuer im Wunderland mit Hilfe der 3-D-Graphik auf seinem Apple Macintosh selbst gestalten, begleitet von den sphärischen Klängen des japanischen Komponisten Kazuhito Kato. Ist Lewis Carroll also eigentlich ein Multimedia-Autor, der zu früh geboren wurde?

Kindheit, Jugend und Studium

«Ein Hof als Insel in einem Weizenmeer, / Sich beugend in der Morgen-
brise, / Von diesem glücklichen Flecken stamme ich her.»[5] So beschreibt
der sechzehnjährige Charles Lutwidge Dodgson die ersten Jahre seiner
Kindheit in Mittelengland. In einem seiner frühen Gedichte schildert er
seine ersten Lebensjahre als eine Zeit der Stille und der Einsamkeit. Verschiedene Biographen haben dieses Bild von der idyllischen Kindheit
auch meist ungebrochen übernommen. Zwar wissen wir insgesamt nicht
viel über diese Zeit seines Lebens, doch gibt es einzelne Anzeichen in
Tagebüchern, Briefen und Werken, die das Bild von der glücklichen
Kindheit widersprüchlicher erscheinen lassen. Ohne Zweifel herrschte
das friedliche Landleben vor, hinter dieser Friedlichkeit verbergen sich
aber auch Gefühle der Enge, Isolation und Abhängigkeit. Gleichzeitig
deutet sich schon in diesen ersten Jahren vieles von dem an, was den
späteren Schriftsteller Lewis Carroll ausmachen sollte.

Am 27. Januar 1832 wurde Charles Lutwigde Dodgson in Daresbury,
Grafschaft Cheshire, geboren. Der Vater, Charles Dodgson, hatte fünf
Jahre zuvor in dem kleinen Ort nahe Warrington eine Pfarrei übernommen, nachdem er 1827 seine Cousine Frances Jane Lutwidge geheiratet
hatte. Zur Gemeinde des Pfarrers Dodgson zählten nicht nur Daresbury
selbst, sondern auch fünf weitere Dörfer mit insgesamt etwa 1500 Ge-
meindemitgliedern. 1828 und 1830 waren im Pfarrhaus bereits zwei
Mädchen geboren worden, Frances Jane und Elisabeth Jane. Mit Charles
Lutwigde kam nun der ersehnte männliche Nachkomme zur Welt. Ihm
folgten acht weitere Geschwister, sechs Mädchen und zwei Jungen, die
alle überlebten.

Es muß schon ein recht isoliertes Leben gewesen sein, das die Familie
Dodgson in jenem 1819 erbauten Pfarrhaus in Daresbury führte. Das
Haus lag gut eineinhalb Meilen vom nächsten Dorf und damit von den
nächsten Menschen entfernt. So war die Familie weitgehend auf sich gestellt, das Bild von der «Insel im Weizenmeer» trifft also durchaus zu.
Obwohl es Ende des 19. Jahrhunderts durch ein Feuer vollständig zerstört wurde, lassen erhaltene Fotos ahnen, welch geheimnisvolles, wild
zugewuchertes Anwesen der Pfarrer übernommen hatte. Sein Vorgänger

Lewis Carrolls Vater
Charles Dodgson.
Gemälde nach einer
Miniatur, 1827

in der Pfarrei hatte sich mehr für die Landwirtschaft und den Garten interessiert denn für seine Gemeinde.[6] Der neue Pfarrer übernahm daher
1827 neben der eigentlichen Pfarrei noch einen landwirtschaftlichen Be-
trieb mit größeren Acker- und Weideflächen. Das Anwesen war für eine
vielköpfige Familie gebaut worden. Es bestand aus einem Haupthaus sowie verschiedenen Nebengebäuden, einem Stall, einem Schuppen und
einer Remise. Das L-förmige Wohnhaus war in zwei Wohnzimmer, sieben Schlafzimmer, ein Arbeitszimmer, zwei Küchen und diverse Abstell-
kammern aufgeteilt. Darüber hinaus beherbergte es noch einen Unter-
richtsraum, in dem Pfarrer Dodgson zahlende Schüler unterrichten
konnte, was für das schmale Familienbudget unerläßlich war.

Für Lewis Carrolls Vater war die Pfarrei in Daresbury die erste Stelle.
Mit der Heirat hatte er sein kleines Stipendium an der Universität Oxford verloren, das nur Unverheirateten gewährt wurde. Deshalb war es
für ihn ein Glücksfall, daß ihm die Pfarrei angeboten worden war. Es war
ihm nicht sehr leicht gefallen, sich durchzuschlagen. Nachdem sein Vater,
Lewis Carrolls Großvater, 1803 als Soldat im Dienste König Georgs III.
gefallen war, mußte die Mutter ihre beiden Söhne zunächst allein aufzie-

Das Pfarrhaus in Daresbury, Cheshire, in dem Lewis Carroll geboren wurde und bis zu seinem elften Lebensjahr lebte

Der achtjährige Lewis Carroll
und seine Eltern Charles und Frances
Jane Dodgson, geb. Lutwidge.
Scherenschnitte von 1840, entstanden
auf der Ausstellung in Warrington

hen. Ihr ältester Sohn, Charles, besuchte die Schule in Westminster und studierte dann in Oxford, wo er – wie später sein Sohn – im Christ Church College sein Magister-Examen ablegte. Für kurze Zeit war er dort auch Tutor und Mathematiklehrer, bevor er heiratete und die Pfarrstelle in Daresbury übernahm. Seine spätere Frau, Frances Jane, kannte er schon seit seiner Kindheit, sein Vater und ihre Mutter waren Geschwister.[7]

Charles Dodgson war ein strenger, aber nach Gerechtigkeit strebender Mann, der in seinem Beruf aufging. Er übernahm nicht nur die üblichen seelsorgerischen Aufgaben in seiner Gemeinde, sondern gründete auch eine Sommerschule, organisierte Vorträge und kümmerte sich um die Armen. Nicht zuletzt sein soziales Engagement ließ die Gemeinde stetig wachsen. Das hoben jedenfalls seine Vorgesetzten besonders hervor, als er aus Daresbury versetzt wurde. Trotz seiner vielfältigen Aufgaben in der Gemeinde fand er aber in Daresbury noch Zeit, regelmäßig kleinere Bücher zu schreiben, in denen er seine Glaubensgrundsätze niederlegte und Ratschläge für seine Amtskollegen formulierte. Diese Schriftstellerei sollte später zu Konflikten mit der Kirchenleitung führen.

Für Charles Lutwigde war der Vater stets ein Vorbild, er respektierte und bewunderte ihn wohl auch. Ihn fragt er um Rat, an ihm orientiert er sich in seinem schriftstellerischen Schaffen und schließlich auch im Humor. Anders als viele Väter aus bürgerlichen oder gar proletarischen Schichten führten Pfarrer Dodgson seine Arbeiten nicht allzu häufig außer Haus, so daß er sich an der Erziehung seiner Kinder beteiligen konnte. Das scheint sein Sohn auch genutzt zu haben: Er hat ihn oft bei seiner

Arbeit oder im Unterricht begleitet und in seinem Studierzimmer besucht. Schon als kleiner Junge entwickelt Lewis Carroll dabei eine auffallende Neugier für alles, was mit Büchern und den fremden Welten des Wissens zu tun hat. So berichtet der erste Biograph Carrolls, der Neffe Stuart Dodgson Collingwood, sein Onkel sei schon als Dreikäsehoch mit einem Buch über Logarithmen zu seinem Vater gegangen, um ihn zu bitten, die Formeln zu erläutern. Auch nachdem der Vater ihm bedeutet habe, er sei noch zu jung für derartige Aufgaben, habe er weiterhin insistiert: *Aber, bitte erkläre es mir!*[8] Doch in auffallendem Widerspruch dazu steht die fast vollständige Abwesenheit des Vaters in den späteren Erzählungen des Sohnes, die uns noch näher beschäftigen wird.[9]

Die Mutter

Wird die Beziehung zum Vater von seinen Biographen als sachlich und nüchtern beschrieben, so scheint die Mutter gefühlvoll und umsorgend gewesen sein und ihren für lange Jahre einzigen Sohn bevorzugt zu haben. Collingwood zitiert einen Zeugen, «der die besten Möglichkeiten gehabt hat, ihren Charakter zu beobachten», mit der Bemerkung, die Mutter sei «eine der nettesten und freundlichsten Frauen gewesen, die jemals gelebt haben. Wenn man sie kannte, mußte man sie lieben. Die einfache Redlichkeit und Liebe schien in allem durch, was sie machte und sagte. Sie lebte stets in der Gewißheit, Gott sei überall anwesend. Ihre Kinder haben erzählt, daß sie in ihrem ganzen Leben niemals ungeduldige oder scharfe Worte aus ihrem Munde gehört hätten.»[10]

Das hat gewiß auch Charles erlebt. Seine Mutter hat ihn seine ganze Kindheit über begleitet. Sie widmete sich – getreu der bürgerlich-viktorianischen Tradition – ganz dem Haushalt und ihren Kindern. Doch in der ländlichen Abgeschiedenheit, wo es wenig Ausweichmöglichkeiten und schon gar nicht andere Personen gab, könnte diese Liebe für ein Kind, das sich ab dem dritten bis vierten Lebensjahr eher nach außen orientiert, zuweilen auch erdrückend geworden sein. Als die Mutter ihren eigenen Vater, der sehr krank war, in Hull kurz besuchte, hat das in ihr Schuldgefühle ihrem Sohn gegenüber ausgelöst: «Liebster Charlie, – ich bin ganz krank, daß ich Dir nicht schon früher geschrieben habe, aber ich weiß, daß Du mir vergeben wirst, weil Dein Großvater mich so gerne bei sich haben wollte. [...] All Eure Briefe haben mich erfreut, meine liebsten Kinder, und haben mir gezeigt, daß Ihr mich nicht ganz vergessen habt. Ich denke immer an Euch und sehne mich danach, Euch bald wieder um mich zu haben, mehr als Worte sagen können. [...] Es freut mich sehr, mein liebster Charlie, zu hören, daß Du mit Latein so gut voran kommst. [...] Gib ihnen [den Geschwistern] und allen anderen meiner

Der Vater von Frances Jane
Dodgson, Charles Lutwidge.
Zeichnung von Trench, 1821

Lieblinge, einschließlich Dir, 1 000 000 000 Küsse von mir und alles Liebe.
[...] Mama.»[11] Charles war dieser Brief, vermutlich der erste, den er von
seiner Mutter erhielt, offenbar so wichtig, daß er ihn besonders sorgsam
aufbewahrte, um ihn nicht in andere Hände fallenzulassen. Um sicherzugehen, versah er die Rückseite mit der Aufschrift: *Niemand darf diesen
Brief anfassen, denn er gehört C. L. D.* Darunter war noch zu lesen: *Mit
schleimigem Pech bedeckt, das feuchte Spuren an den Fingern hinterlassen
wird.* Man kann sich diese Mutter gut vorstellen, die ihre Kinder stets im
Auge hat, für sie da ist, sie tröstet oder ermuntert, ihnen hilft. Doch
warum war dieser Brief der Mutter für Charles so wichtig, daß er ihn mit
allen Mitteln sichern mußte? Offenbar gab es noch eine andere Seite, die
ihn zweifeln ließ, ob er sich der Liebe der Mutter wirklich gewiß sein
konnte. War in dem Brief wirklich nur er gemeint oder nicht auch die
Schwestern? An dieser Stelle wird die Ambivalenz der Beziehung zur
Mutter erkennbar, die das ganze Leben von Lewis Carroll prägen sollte
und schließlich auch in seinem Werk sichtbar wird: Auf der einen Seite
steht die Idealisierung der Mutter, ihre Äußerungen erhalten große Bedeutung als Liebesbeweise, auf der anderen Seite aber die Unsicherheit
in eben dieser Beziehung. Denn Charles muß die Mutter mit seinen
Schwestern teilen.

15

Charles Lutwigde Dodgson wuchs zwar in wohlgeordneten Verhältnissen auf, seine Position innerhalb der Familie war jedoch von vornherein problematisch, denn seine ersten fünf Lebensjahre verbrachte er als einziger Junge zwischen vier Schwestern. Besonders die Geburt seiner jüngeren Schwester Caroline, als er erst ein Jahr alt war, hatte für ihn einschneidende Konsequenzen. Er mußte, so vermutet seine Biographin Phyllis Greenacre [12], frühzeitig eine Erwachsenenrolle übernehmen, die ihn wohl überforderte und ihn eher zum Rückzug zwang. Nicht zuletzt deswegen bleibt er trotz dieser Erwartungen auffällig lange in der Rolle des kleinen Kindes befangen, was etwa an einem Brief sichtbar wird, den er mit fünf Jahren an seine Kinderfrau geschrieben hat. Da ihm seine Schwestern oder seine Mutter beim Schreiben geholfen haben, gibt er gleichzeitig auch einen Teil des Bildes wieder, das man sich von ihm gemacht hat: *Meine liebe Bun, ich liebe dich sehr und schitt dir einen Tuß vom tleinen Charlie mit dem Haarhorn. Ich würd dir gern einen Tuß geben, aber ich tann nich, weil ich in Marke bin. Was hab ich einen langen Brief geschrieben. Ich bin zweimal müde.* [13] Charles hielt noch lange an diesen kindlichen Formen fest, selbst dann, wenn er dem Vater sein Interesse für Mathematik demonstriert. Denn die Neugierde auf Rechenaufgaben entsprach mehr den Erwartungen seiner Umwelt und wurde demgemäß honoriert und der Nachwelt überliefert, sie war nicht unbedingt Zeichen für tatsächliche Reife. Auf kindliche Formen des Rückzugs wird Lewis Carroll im Laufe seines Lebens immer wieder zurückgreifen.

Diesen Widerspruch zwischen früher Rollenübernahme und Regression kennzeichnet auch die Beziehung zur Mutter. Lewis Carroll idealisiert sie einerseits, andererseits wird aber in Gedichten und Erzählungen und vor allem an den psychischen und somatischen Symptomen, die er im Laufe seines Lebens entwickelt hat, sichtbar, wie stark die frühen Erfahrungen auch einschränkend gewesen sein müssen. In der publizierten Dichtung zeichnet sich jenes verklärte Bild der Mutter ab, wie es den viktorianischen Normen entspricht. So dichtet er etwa 1853 über die *Einsamkeit*: *Hier kann ich heimlich Tränen vergießen / den beunruhigten Geist zu trösten / Wie Kinder sich selbst in den Schlaf schluchzen / wenn sie an der Mutterbrust liegen / [...]. Ich würde den ganzen in Jahren aufgehäuften Reichtum geben / Das späte Ergebnis eines Lebensabschnitts / Um noch einmal ein Kind sein zu können / An einem schönen Sommertag.* [14] Diese Wünsche sollten das Leben Lewis Carrolls begleiten. Seine Sehnsucht nach der Kindheit, sein Wunsch, Kind zu bleiben, lassen sich durch seine Biographie hindurch verfolgen und bestimmen letztlich auch seine Faszination für Kinder und Kindererzählungen. Doch der einundzwanzigjährige Carroll wünscht sich nicht nur, an einer frühen Lebensphase festzuhalten, sondern thematisiert auch einen Mangel, umschreibt ein Ideal, das so vielleicht nie existiert hat. *Denn wenn die bittere Stunde vorbei ist / und der stechende Schmerz ist zum Schweigen gebracht / Oh, am schönsten*

Der früheste überlieferte Brief von Lewis Carroll, den er als Kind an seine Amme «Bun» geschrieben hat

ist es dann allein zu liegen / auf einem stillen Hügel. Gewiß nicht zufällig heißt dieses Gedicht *Einsamkeit.* Hier deutet er zwar seine Wünsche gegenüber der Mutter an, aber auch die unendlichen Gefühle von Verlassenheit, die sich im Erwachsenenalter in depressiven, melancholischen Verstimmungen äußern sollten, sich aber auch schon in der Kindheit zeigen.

Vergleicht man jedoch dieses Bild von der Mutter mit den Frauenfiguren in den Erzählungen von Lewis Carroll, dann fällt unweigerlich auf, daß es in seinen Nonsense-Geschichten eigentlich keine «mütterlichen», umsorgenden Figuren gibt. Die drei Königinnen, auf die Alice trifft, sind eher herrschsüchtig und pedantisch, Furien gleich; Lady Muriel in *Sylvie & Bruno* verkörpert stärker das Realitätsprinzip denn die «mütterliche» Seite, wie sie Carroll noch in seinen melancholischen Gedichten entworfen hat. Ebensowenig wie eine Vaterfigur taucht im Werk Carrolls eine fürsorgliche Mutter auf, und wenn Mütter auftreten, dann werden sie als Mängelwesen dargestellt, die nur bestimmen, Regeln aufstellen und normieren. Alice, Sylvie, Bruno und die anderen Kinder- bzw. Tiergestalten versuchen diesen von Frauen aufgestellten Regelsystemen ein Schnippchen zu schlagen: Hinter Nonsense versteckt, macht diese Vorstellung einen wesentlichen Teil des Frauenbilds von Lewis Carroll aus. Die Zeile, *am schönsten ist es allein zu liegen,* erhält vor diesem Hintergrund eine ganz andere Bedeutung. Es geht nicht mehr nur um die Sehnsucht nach der Mutter, sondern auch um die Flucht vor ihr auf den *stillen Hügel.*

17

Ein weiteres wichtiges Indiz für die vermutete Einengung und den Rückzug des Kindes Charles Lutwidge ist seine ausgeprägte Neigung zum Stottern, die er bis zu seinem Lebensende nicht abgelegt hat. Wann dieses Symptom zum erstenmal auftrat, ist nicht genau belegt. Sicher ist aber, daß es in frühester Kindheit ebenso beobachtet worden ist wie seine verzögerte Sprachentwicklung.

Nimmt man dies alles als psychosomatisches Symptom ernst, dann kann man zumindest darauf schließen, daß die Mutter – trotz aller Liebe – ihren Sohn auch in einer eigenständigen Entwicklung behindert hat. Sie könnte – ähnlich wie die drei Königinnen in der Erzählung – ihn streng überwacht, gleichzeitig aber, da sie sich noch um ihre anderen Kinder kümmern mußte, auch wieder allein und fallengelassen haben. Eine solch unstete und widersprüchliche Beziehung würde in Teilen Lewis Carrolls ausgeprägte Schüchternheit und seine Schwierigkeit erklären, auch als erwachsener Mann mit Gleichaltrigen umzugehen. Sein Stottern könnte man dann als seine verdrängte Aggressivität verstehen oder als seinen Versuch, ein Geheimnis (etwa seine Wut auf die Mutter) zu verbergen, das nicht preisgegeben werden darf, weil es den Regeln der Familie eigentlich widerspricht.[15] Angesichts eines Elternhauses, in dem strenge religiöse Regeln herrschten und die einzelnen Mitglieder eng banden, ist dies nicht weiter verwunderlich.[16] Innerhalb dieser Konstellation hatte Charles nur wenig Möglichkeiten, sich zu entfalten oder gar zu rebellieren, zumal er sich als erster Sohn mit der väterlichen Erwartung auseinandersetzen mußte, ein «richtiger Junge» zu werden.[17]

In den Lebensabschnitt, in dem Kinder gewöhnlich besonders neugierig sind und eigene Wege zu suchen beginnen, fällt die Geburt einer Schwester, die auf die Welt kam, als Charles erst ein Jahr alt war. Von diesem Zeitpunkt an beschäftigte sich die Mutter intensiv mit ihrem jüngsten Kind. Charles sah sich so nicht nur zurückgewiesen, sondern auch in seiner frühen Motorik eingeschränkt und vor allem mit einem unbekannten weiblichen Wesen konfrontiert, das «Ursache» für seine Frustrationen war, ihn gleichzeitig aber auch faszinierte und anzog. Ihre Existenz verstärkt zudem die ohnehin vorhandene «weibliche Übermacht» im Hause Dodgson. Diese Struktur prägten mindestens die ersten, entscheidenden vier Lebensjahre von Charles, bis 1836 ein zweiter Bruder geboren wurde.

Greenacre sieht in dieser familiären Situation die Wurzeln für Lewis Carrolls weitere Entwicklung: seine vergebliche Suche nach einer männlichen Identität, die damit zeitlebens verbundene Verdrängung seiner Sexualität und die ambivalente Identifizierung mit Mädchen, auf die sich zwar seine Neugierde richtet, die er aber zugleich auch ablehnt. Da es nur wenig gesicherte Anhaltspunkte gibt, kann man über das, was Charles in den ersten Jahren in einer weiblich geprägten familiären Umwelt erfahren hat, nur spekulieren. Die sexualisierte Struktur der viktorianischen Gesellschaft und Lewis Carrolls spätere Fixierung auf junge

Die sieben Schwestern von Lewis Carroll im Garten des Pfarrhauses in Croft.
Foto von Lewis Carroll, um 1857

Mädchen und gleichzeitig sein Verzicht auf sexuelle Beziehungen zu Erwachsenen, schließen nicht aus, daß sich die Mutter und die Schwestern
neugierig dem einzigen Jungen in der Familie genähert haben, was er unter Umständen aufgrund ihrer Übermacht ohne große Gegenwehr hat
über sich ergehen lassen müssen. Dazu paßt nicht nur das Stottern, sondern auch das familiäre Geheimnis, das auch die nachfolgenden Generationen noch hüten wollten, die in die Tagebücher eingegriffen haben.
Das Vertuschen könnte zum Ziel gehabt haben, die Wiederholung der
kindlichen Erfahrung Carrolls in seinem (objekthaften) Fotografieren
von Mädchen nicht erkennbar werden zu lassen.

Die kindliche Zauberwelt

So abgeschieden das Familienleben in Daresbury auch gewesen sein mag,
es hat doch immer wieder Ereignisse und gemeinsame Erlebnisse in der
Welt der Dodgsons gegeben, von denen die Familie noch lange zehrte.
Dazu zählten beispielsweise die Reisen in die nahegelegene Kleinstadt

Warrington. Lewis Carrolls Vater pflegte enge Verbindung zu dem Rektor der Grammar School in Warrington, dessen Sohn wurde Charles' einziger Freund in jener Zeit. Diese Freundschaft hielt bis zu seinem Tode. Noch eindrucksvoller für alle Familienmitglieder war jedoch die große Ausstellung in Warrington im Jahre 1840, die zwar bei weitem nicht an die spätere Londoner Weltausstellung heranreichte, die aber als lokales Ereignis durchaus prägend war. Sie ließ die Phantasie der Besucher in die Ferne schweifen. Mit ihrer Mischung aus Kuriosa, Naturgeschichte und Selbstdarstellung des Imperiums brachte sie gleichsam das Zeitalter auf den Begriff: die Faszination durch das Fremde, das domestiziert selbst in der Provinz ausgestellt werden konnte, die beherrschbare Natur, die koloniale Größe Englands. All das war hier zusammengefaßt und schlug immerhin über 11000 Besucher in seinen Bann. Für die Dodgsons und insbesondere für Charles hatte dieses Ereignis auch insofern große Bedeutung, als an einem Stand Silhouetten-Bilder der Familie angefertigt wurden, die ältesten Bilder der Dodgsons. Charles kommt bei dieser Messe zum erstenmal mit der Welt der Technik in Berührung. Vermutlich hat hier seine spätere Begeisterung für Fotografie ihren Ausgang genommen.

Als Charles elf Jahre alt war, übernahm der Vater die Pfarrei von Croft in Yorkshire. 1843 zog die ganze Familie Dodgson in das alte Pfarrhaus im «Georgian style» um. Es lag mitten im Dorf in unmittelbarer Nähe der Kirche. Trotz der zentralen Lage war es so abgeschlossen, daß die Familie sich eine eigene Welt innerhalb des großen Geländes erhalten konnte. Der große Garten mit seinen unzähligen Blumen und alten Bäumen zog besonders die Kinder an. Er beflügelte ihr Spiel und ihre Phantasie: Die große Akazie vor dem Haus wurde zum überdimensionalen Dach, die große Eibe zum Regenschirm und der Huflattich zur Kopfbedeckung. Viele dieser Kindheitserinnerungen tauchen später in den Erzählungen von Lewis Carroll wieder auf. Aber nicht nur der weitläufige Garten war für Spiele geradezu ideal, auch das Pfarrhaus mit seinen zahlreichen Räumen und Nebenzimmern, Zwischengeschossen und Dachböden lud ein zum Verstecken und zum Einrichten einer eigenen, abgeschiedenen und in der Weitläufigkeit des Hauses auch häufig ungestörten Kinderwelt. Wie verwunschen dieses Haus und seine Welt gewesen sein müssen, darauf weisen Spielsachen der Familie Dodgson hin, die 1950, als das Pfarrhaus von Croft umgebaut wurde, in einem Zwischenboden gefunden wurden: Ein Tee-Service für Puppen, bestickte Kindertaschentücher, Bleiftiftanspitzer, Tonpfeifen usw. [18] – alles Gegenstände, die bürgerliche Intimität geradezu verkörpern, die zu einer Welt gehören, in der das Haus und die Familie über allem stehen, zu der aber ebenso das Versteck, das Geheimnis und eine abgeschlossene Kinderwelt ohne Erwachsene zählen.

Diese geschlossene Welt des Spiels hatte sich bereits in dem abgelegenen Pfarrhaus von Daresbury entwickelt, in Croft nimmt sie noch deutlichere Konturen an. Der elfjährige Charles beginnt, Geschichten und

Die Familie Dodgson vor dem Pfarrhaus in Croft.
Foto von Skeffington Lutwidge

Fabeln zu erfinden, sie seinen Schwestern zu erzählen und schließlich auch zu inszenieren. So hält schon bald die noch neue technische Erfindung der Eisenbahn Einzug in den Garten von Croft. Charles, der sie in Warrington schon erlebt hatte und sie jetzt in unmittelbarer Nachbarschaft in Darlington beobachten konnte, erfindet ein legendäres «Eisenbahnspiel». Er hat es so genau beschrieben, daß es noch heute im Garten des Pfarrhauses rekonstruierbar ist. Aus einer Schubkarre, einer Tonne und einem kleinen Handwagen baute er einen Zug, der seine Geschwister im Garten von einer Station zur nächsten brachte. Im Vorsteher-Häuschen verkaufte der in Uniform gekleidete Schaffner die Fahrkarten und bot Erfrischungen an. Das Spiel vollzog sich nach genau festgelegten Regeln, die Charles mit sarkastischem Humor aufgeschrieben hat, der bereits den späteren Lewis Carroll erkennen läßt. Im Kern enthält dieses Spiel jedoch den Versuch des Kindes, sich mit der ebenso bedrohlichen wie faszinierenden Welt der Eisenbahn auseinanderzusetzen – eine revolutionäre Technik, die sich im industriell fortschrittlichen England besonders rasch verbreitet und modellhaft für die Modernisierungsprozesse des 19. Jahrhunderts steht. Nicht zufällig ist die Eisenbahn daher schon früh von Mythen umrankt, verbreitet aber gleichzeitig Angst und Schrecken. Nicht nur Tiere, sondern auch Menschen

21

Das Pfarrhaus in Croft. Anonymes Aquarell (signiert mit C. W. H.), 1851

ergreifen die Flucht, wenn sie das dampfende Ungetüm zum erstenmal sehen.[19]

Charles baut seine frühen Erfahrungen in die Welt seiner Spiele ein. Indem er genaue Regeln aufstellt, kann er selbst das Kommando behalten und damit seine Angst mindern. Dieses Moment der Inszenierung, des Für-sich-selbst-Eroberns, nimmt auch in den anderen Spielen, die Charles für sich und seine Geschwister entwickelt, eine beherrschende Rolle ein. So schrieb er als Elfjähriger vollständige Theaterstücke für sein Marionettentheater, das er auch selbst mit großem Geschick bediente. Die *Tragödie von King John* oder die «balladeske» Oper *La Guida di Bragia* etwa erfreuten sich allseits großer Beliebtheit. Bis ins Alter von 23 Jahren hat er Theaterstücke für seine Geschwister inszeniert. Gemeinsam war all diesen Stücken das Bemühen, die weite Welt «hereinzuholen» in den intimen Rahmen des Theaters, das sich in der Regel im Pfarrhaus selbst befand, und gleichzeitig Kindern (seinen Geschwistern) Vergnügen zu bereiten. Hier wird bereits jene doppelte Welt sichtbar, die für Lewis Carrolls späteres Leben charakteristisch werden sollte: einerseits die Welt der Spiele und der Inszenierung, die sehr genauen Regeln unterliegt, und andererseits die Welt draußen, die nicht beherrschbar erscheint und Angst bereitet. In der Phantasie von Charles konnten sich so Innenwelt und Außenwelt verbinden. Die Eisenbahn, das Bedrohliche der Moderne, die Regeln der Erwachsenen vermochte er sich auf diese Weise anzueignen, die reale Welt jedoch blieb weitgehend jenseits der Mauern des Pfarrhauses von Croft. Zugleich bedeuteten das Marionettenspiel und später das Theater für Lewis Carroll auch eine Gegenwelt zu den Anforderungen, die an ihn gestellt wurden. Das Theater selbst wurde im England der ersten Hälfte des 19. Jahrhunderts keineswegs uneingeschränkt akzeptiert. Es galt als Hort der Sünde und des Verwerflichen, als weltliche Institution, welche die Menschen in ihrem Glauben verunsichern konnte. Häufig wurde es mit sexuellen Phantasien besetzt, die zwar der Realität nur wenig entsprachen, aber doch das Bild vom Theater prägten.[20] Auch Lewis Carrolls Vater teilte weitgehend diese konservative Ansicht, was seinen Sohn aber nicht daran gehindert hat, sich immer stärker für das Theater zu interessieren. Es wurde gleichsam zu einem Ort, an dem er sich – und wenn auch nur unbewußt – von der väterlichen Autorität und den familiären Normen lösen konnte. Das Theater, die Inszenierung wird für ihn zu einem wichtigen Bestandteil seines Lebens, wie es überhaupt für die viktorianische Gesellschaft gleichsam zu einem Brennpunkt wird, der diese Gesellschaft kennzeichnet und spiegelt. Der «Jahrmarkt der Eitelkeiten», das Sich-in-Szene-Setzen gehörte zu den wichtigsten Elementen der bürgerlichen Kultur des 19. Jahrhunderts, mit denen sich Lewis Carroll auf seine Weise auseinandersetzte.

In Croft begann der spätere Kinderbuchautor auch Gedichte und Erzählungen zu schreiben. Es waren häufig Nonsense-Texte, die er auch in dem selbstgemachten Familien-Magazin «The Rectory Umbrella» veröffentlichte. Sie lassen bereits vieles von dem erkennen, was den späteren Lewis Carroll ausmacht: Nonsense, Ironie, Sarkasmus und die Begeisterung für das Spielerische. Seine Geschichten hat er häufig selbst noch mit naiven, einfachen Bildern illustriert.

Zeichnung
von Lewis Carroll,
entstanden in Croft

Die Schulen

Bis zu seinem elften Lebensjahr wurde Charles zu Hause von seinem Vater unterrichtet. Bereits hier hat er sein besonderes Interesse für Mathematik erkennen lassen, Logarithmen wurden seine Leidenschaft. Nun, nicht allzulange nach dem Umzug in die neue Pfarre, beschloß der Vater, seinen Sohn in die Schule zu schicken. Die finanzielle Situation der Familie hatte sich durch die Stelle in Croft so verbessert, daß sie den lange gehegten Plan, dem ältesten Sohn die beste Ausbildung angedeihen zu lassen, verwirklichen konnte. Obwohl in der Zwischenzeit im Pfarrhaus von Croft eine Schule mit zwei Unterrichtsräumen eingerichtet worden war, die schließlich auch von zwei Lehrern betreut wurde, sollte Charles im etwa zehn Meilen entfernten Richmond die Grammar School besuchen. Auch wenn keine Klagen von ihm überliefert sind, muß man doch davon ausgehen, daß dieser Schritt Charles nicht leichtgefallen ist. Er hatte sich im neuen Pfarrhaus gut eingelebt und mußte nun zum erstenmal das Elternhaus verlassen. Entsprechend sehnsüchtig fallen auch seine ersten Briefe aus, die ersten von seiner Hand überhaupt: *Liebe Fanny und Memy*, schreibt er am 5. August 1844 an seine Schwestern, *ich hoffe, Ihr seid alle wohlauf wie auch die süßen Zwillinge, die Jungen, die ich wohl am besten leiden kann, sind Harry Austin und alle Tates, von denen es 7 gibt nebst einem kleinen Mädchen, das am ersten Tag zum Mittagessen herunterkam, doch dann nicht mehr, ich mag auch Edmund Tremlet und William und Edward Swire [...] ich werde euch alles über sie erzählen, wenn ich wieder da bin.*[21] Auffällig ist hier bereits sein Interesse für ein kleines Mädchen, mit dem er sich anfreundet. Das darf man aber nicht überbewerten. Zunächst ging es ihm vor allem darum, in der Fremde überhaupt Kontakt zu Gleichaltrigen zu finden, die er mochte und die ihn akzeptierten. Im weiteren Verlauf des Briefes wird deutlich, daß Charles es am Anfang nicht leicht gehabt hat, mit fremden Kindern auszukommen. Bis dahin war er die Familie und deren Regeln gewohnt gewesen. Jetzt, in der anderen Umgebung, wird er schnell Opfer von Aggressionen oder zumindest von Neckereien.

Doch er hat nicht nur mit den für ihn neuen Regeln der Welt außerhalb seines Elternhauses zu kämpfen. Vielmehr gerät er auch in Widerspruch zu den Normen, die er von seiner Familie übernommen hat und die Glauben wie Alltag gleichermaßen bestimmen. Der erste Brief aus Richmond zeigt deutlich, wie er diese Regeln quasi einklagt: *Das einzige Vergehen (sagt es Mama), was dort geschehen ist, begab sich an einem Tag, als man direkt nach dem Tischgebet zu essen begann [...].*[22]

Aus diesen Zeilen spricht sicherlich die erste Unsicherheit in der neuen Umgebung. Aus fragmentarischen Überlieferungen läßt sich andererseits auch erkennen, daß der Schüler Charles sich auch körperlich für Schwächere einsetzte oder dann eingriff, wenn er meinte, jemandem geschehe Unrecht. Das bedeutet aber nicht, daß er in eine Gruppe integriert war oder gar im Mittelpunkt stand. Aus Notizen, Briefen und anderen Schriften kann man erkennen, daß der spätere Autor von *Alice im Wunderland* sich auch in der Schule eher isolierte und sich stärker für geistige Dinge interessierte.[23] Hierin entsprach er den Erwartungen seiner Eltern, die ihn eigens nach Richmond geschickt hatten, weil diese Schule in dem Ruf stand, das humanistische Erbe zu pflegen. Vor allem der Direktor, James Tate, mit dem sich Charles sehr gut verstand, galt als guter Pädagoge und Humanist. In seinem Sinne war die Schule ganz auf das klassische Erbe der europäischen Literatur ausgerichtet und vernachlässigte die englische Literatur fast vollständig, die zeitgenössische ohnehin.

Direktor Tate wurde sehr bald auf seinen neuen Schüler aufmerksam, der besondere Fortschritte in Latein machte und sich in dieser Sprache auch an Gedichten, denen sich später erste englischsprachige Erzählungen anschlossen, versuchte, aber vor allem durch seine mathematische Begabung auffiel. Dies bringt der Schulleiter in seinem Zeugnis zum Ausdruck, das er 1845 verfaßte, zum Abschluß von Charles' Schulkarriere in Richmond. Es ist die früheste Charakterisierung von Lewis Carroll, die nicht durch die familiäre Sicht gefärbt ist. «Ich zögere nicht, meiner Meinung Ausdruck zu geben, daß er neben anderen natürlichen Talenten ein sehr ungewöhnliches Maß an Genie besitzt. Sanft und unbeschwert in seiner Beziehung zu anderen, scherzhaft und schlagfertig in seiner Konversation, verfügt er über mehr Fähigkeiten und Wissen, als in seinem Alter üblich, während sein Verstand so klar und so empfindlich gegenüber Fehlern ist, daß er nicht ruht, bis er genau das gelöst hat, was ihm unklar ist. [...] Sie können sicher sein, daß er eine glänzende Karriere vor sich hat. Erlauben Sie mir, bevor ich schließe, eine Anregung [...]. Sie dürfen Ihrem Sohn seine Überlegenheit gegenüber anderen Jungen nicht allzu sehr vermitteln. Lassen Sie ihn das selbst nach und nach erfahren.»[24] Diese Aussagen sind nicht nur deshalb bemerkenswert, weil sie ein Bild von Lewis Carroll geben, sondern auch weil sie deutlich machen, wie wenig Bestätigung Schüler damals erfuhren. Die Haltung des Rektors, Lernerfolge und Begabungen müßten eher unerwähnt bleiben, entspricht der Ansicht des Vaters, der zwar stolz auf seinen ältesten Sohn ist, sich dies aber nicht anmerken lassen will. An dieser Erfahrung mangelnder Bestätigung hat Lewis Carroll Zeit seines Lebens gelitten. Sie dürfte ebenfalls Ursache für sein Stottern, sein mangelndes Selbstbewußtsein und seine Identitätskrise sein.[25]

Dennoch ist die Zeit in Richmond für Charles äußerst wichtig, in seinen Erinnerungen spricht er mit Wärme von der Schule und von *meinem freundlichen alten Schulmeister*. Aber bereits nach eineinhalb Jahren muß er die Schule in Richmond wieder verlassen, weil ihn die Eltern in die Public School von Rugby schicken, wo er 1846 eingeschult wird. Im

Gegensatz zu Richmond fühlte er sich in dieser Schule niemals wohl. Er litt unter dem strengen Disziplinarsystem, das teilweise an Schikanen erinnert, und beklagte das stupide, lediglich repetitive Lernen.[26] Charles entzog sich immer mehr diesem Druck, indem er eigene Interessen entwickelte, die nicht unbedingt mit der Schule zu tun hatten. Dennoch genügte er den Anforderungen und erhielt zahlreiche Preise für seine Leistungen in Mathematik, klassischer Literatur, Geschichte usw.[27] Über diese Zeit hat er fast zehn Jahre später in sein Tagebuch notiert: *Ich habe einige Freunde dort gewonnen [...], aber ich kann nicht sagen, daß ich mit guten Gefühlen auf mein Leben in einer Public School zurückblicke oder daß mich irgend etwas dazu bewegen könnte, diese drei Jahre noch einmal durchzumachen.*[28]

In dieser Zeit an der ungeliebten Schule begann er, sich intensiver mit Literatur zu beschäftigen. Aus Briefen, vor allem an seine Schwestern, wissen wir, daß er viel las. Über «David Copperfield» findet er ersten Zugang zu Charles Dickens, liest Erzählungen und Märchen, auch viele Geschichtsbücher, etwa zur Französischen Revolution.[29] Auch beginnt er hier, sich ausführlicher mit literarischen Versuchen zu beschäftigen, die er sowohl im Schulmagazin als auch in der Familien-Zeitschrift «Rectory Umbrella» zusammen mit seinen Zeichnungen veröffentlicht. All das stand aber eher im Widerspruch zu dem eigentlichen, auf Disziplinierung ausgerichteten System der Schule und hat sich mehr gegen als durch sie entwickelt. Dennoch geht er im Dezember 1849 wiederum mit hohem Lob durch den Schulleiter von der Schule ab.

Studium in Oxford

Ende des Jahres 1849 verläßt Lewis Carroll Rugby und immatrikuliert sich im Mai 1850 in Oxford – wie sein Vater dreißig Jahre zuvor –, zieht aber erst zum Januar 1851 dorthin.[30]

Am 24. Januar 1851 beginnt er, in Oxford zu studieren. Er kommt zunächst bei einem Freund des Vaters unter und zieht erst einige Monate später im Christ Church College ein. Seinen Interessen entsprechend hatte er sich für Mathematik, Theologie und klassische Literatur eingeschrieben. Das Studium verlief ohne besonders herausragende Ereignisse. Er paßte sich schnell in das konservative System der Universität ein, die Mitte des 19. Jahrhunderts nach wie vor geprägt war von der mittelalterlichen Tradition der abgeschlossenen Colleges mit ihren festen Regeln, die nicht nur das Studium, sondern den gesamten Alltag strukturierten. Der Tag begann mit dem Wecken um 6 Uhr 15, über das Frühstück, die tägliche Morgenandacht bis hin zum gemeinsamen Abendessen pünktlich um 17 Uhr war der weitere Ablauf festgeschrieben. Für

Lewis Carroll bedeutete dieses System letztlich Halt, es kam seinem peniblen Ordnungssinn entgegen. Deshalb sind es auch diese Aspekte, die er – ähnlich wie zuvor aus der Schule – in seinen Briefen nach Croft hervorhebt. So schreibt er im März 1851 an seine Schwester Elizabeth: *Ich bin nicht so begierig darauf wie sonst, meine persönlichen Geschichten zu erzählen, weil das erste, was ich zu erzählen habe, ein sehr trauriger Zwischenfall ist, denn ich habe den morgendlichen Kirchgang verpaßt. Bevor Du mich aber verurteilst, mußt Du erfahren, wie zufällig das war [...] ich war die Nacht davor bis etwa 0 Uhr 30 wach geblieben, deshalb schlief ich, nachdem ich geweckt worden war [um 6 Uhr 15], wieder ein und war wie vom Blitz getroffen, als ich um 10 nach acht wieder aufwachte.*[31] Diese Alltagsprobleme, seine Konflikte mit den Normen der Familie und der Universität scheinen den Studenten bisweilen mehr beschäftigt zu haben als das Studium selbst. Jedenfalls spiegeln die Briefe, die er nach Hause schreibt, wenig von dem universitären Leben wider. Dennoch wird deutlich, daß er sich in seine neue Umgebung einpaßt und dort auch an jene Leistungen anknüpft, die er bereits in der Schule gezeigt hat. So erhielt er schon sehr früh Auszeichnungen, schließlich ein Stipendium und wurde damit automatisch zum ordentlichen Studenten (Graduate). Das machte ihn zwar finanziell unabhängig, war aber mit Auflagen verbunden. Er bezog ein jährliches Einkommen und hatte das Recht, sein Leben lang im College zu wohnen. Diese Privilegien galten aber nur, solange er unverheiratet blieb. Außerdem mußte er sich verpflichten, die Priesterweihen anzustreben. Nicht zu Unrecht vermutet Greenacre, daß diese Tatsache Lewis Carrolls geringe Selbständigkeit noch verstärkt habe.[32] Er konnte sich zwar jetzt in gewisser Weise von den Eltern lösen, die Normen und Zwänge des College ließen ihn aber nur in ein neues System hinübergleiten, das nicht weniger restriktiv war. Vielleicht haben die strengen Maßregeln auch noch seine Tendenz verstärkt, sich zu isolieren. Jedenfalls hätte ein Schritt zur Unabhängigkeit hin bedeutet, daß er seine lebenslänglich garantierte Versorgung aufs Spiel setzte. Die Vergabe von Stipendien waren überdies mit sozialen Pflichten verbunden: So mußte er kontrollieren, ob seine Kommilitonen auch alle die Gottesdienste besuchten, was seine Sonderstellung noch unterstrich, und Aufgaben in der Bibliothek oder bei der Verteilung des Essens wahrnehmen. Ende des Jahres 1854 schloß er sein Studium ab, zunächst nicht sehr erfolgreich in seinen Nebenfächern Philosophie und Geschichte, dafür um so erfolgreicher in Mathematik. Hier zeichnete er sich als Bester seines Jahrgangs aus und erwarb damit als ersten akademischen Grad den Bakkalaureus Artium (B. A.).

Obwohl er sich ganz seinem Studium in Oxford verschrieben hatte, blieb die Familie außerordentlich wichtig, und er unternahm, sooft es ging, Fahrten nach Hause. Gleich zu Beginn seines Studiums, nur wenige Tage nach seiner Abreise von Croft, war die Mutter im Alter von 47 Jah-

Zwei von Lewis Carrolls fünf Tanten mütterlicherseits beim Schach.
Foto von Lewis Carroll, um 1858

ren gestorben. Ihren Tod empfand Charles als Schicksalsschlag und besonders großen Verlust. Er kehrte sofort wieder nach Hause zurück. Für lange Jahre danach blieb sein Vater der einzige Erwachsene, zu dem er eine Beziehung unterhielt. Für den Vater stand allerdings die berufliche Karriere seines Sohnes im Vordergrund, kaum sein emotionales Leben.[33] Hierin mag mit eine Ursache dafür liegen, daß Lewis Carroll, der ohnehin wenig Bestätigung von seinen Eltern erfahren hatte, seine Anstrengungen vor allen Dingen auf das konzentrierte, wo er zumindest Zuspruch vom Vater erwarten konnte – seine Leistungen an der Universität.

Eine geregelte Welt:
Christ Church College

Mitte des 19. Jahrhunderts ist Oxford ein Universitätsstädtchen, das sich seit dem 16. Jahrhundert kaum verändert hat. An der renommierten Universität studieren etwa 1400 Studenten; 500 Fellows und ungefähr zwanzig Professoren unterrichten die Studenten. Das Zahlenverhältnis macht schon deutlich, daß die Ausbildung hauptsächlich von den Fellows, die im Christ Church College den Titel «Tutor» erhalten, getragen wird. Während die Professoren von der Universität bezahlt werden und lediglich den traditionellen Kanon der Fächer – Theologie, Mathematik und Griechisch – unterrichten, sind die Tutoren im gesamten Spektrum der Disziplinen tätig. Sie werden in den verschiedenen Colleges ausgesucht und von ihnen auch bezahlt. So erhalten die Colleges eine außerordentlich große Bedeutung. Eines der wichtigsten Colleges war Christ Church,

Die Westfront von Christ Church, Oxford. Lewis Carrolls Wohnräume lagen an der linken Ecke im ersten Stock

wo Charles studierte und bis zu seinem Lebensende als Tutor für Mathematik auch blieb.

Schon der Grundriß der Colleges vermittelt den Eindruck einer geschlossenen Einheit. Meist um einen Innenhof gruppiert, liegt auf der
einen Seite die wuchtige Halle und auf der anderen Seite die nicht minder gewaltige Kirche. Dazwischen gruppieren sich die Unterrichts- und
Schlafräume bzw. Wohnungen der Studenten und Dozenten. Halle und
Kirche markieren die Pole des College, zwischen denen sich das Univer-
sitätsleben abspielt: die kirchliche und die weltliche Macht. Im 19. Jahrhundert wird Christ Church College jedoch noch fast ausschließlich von
der Kirche dominiert. Das Kapitel und sein Dechant haben beispielsweise
die Aufgabe, den Bischof von Oxford zu wählen. Deshalb wurden die Mitglieder des Kapitels nicht gewählt, sondern von der Kirche ernannt. Diese
kirchliche Ausrichtung drückte sich nicht nur darin aus, daß alle Stipen-
diaten verpflichtet wurden, sich zum Priester weihen zu lassen, sondern
auch, daß der gesamte Alltag von kirchlichen Regeln geprägt war. Der Tagesablauf war auf die Andachten ausgerichtet, das Leben in Christ Church
beinahe klösterlich abgeschieden und durch genaue Vorschriften gere-
gelt.[34] So einschränkend die Regeln auch waren, so sehr reizten sie einen

Dekan Henry
George Liddell
und seine Frau Lorina
Reeve Liddell

Geist wie Lewis Carroll dazu, sich dieses Systems anzunehmen und es in seinen Schriften satirisch auf die Spitze zu treiben.

Trotz des scheinbar geschlossenen Systems an Regeln und Geboten gab es in der zweiten Hälfte des 19. Jahrhunderts immer wieder Auseinandersetzungen und Konflikte. Sie betrafen vor allem das Verhältnis von kirchlicher und weltlicher Orientierung des College und die Organisation der Institution.[35] Bereits zu Beginn der fünfziger Jahre waren Reformen im Gespräch gewesen, die ursprünglich für Christ Church entworfen waren, aber schließlich für ganz Oxford gelten sollten, sich jedoch im Christ Church College mit seinen traditionellen Strukturen besonders auswirken mußten. Vordergründig ging es um die Aufwertung der Tutoren und um das Problem der Bezahlung von Dozenten. Dahinter verbarg sich jedoch die Frage nach dem Einfluß der Kirche und damit nach der autonomen Entscheidungsbefugnis der Universität. Die Reformvorschläge zielten darauf, den universitären Instanzen mehr Spielraum zu gewähren. Da das Kapitel und der Dekan von Christ Church unnachgiebig blieben, eskalierte der Konflikt. 1855 war ein neuer Dekan eingesetzt worden, dem der Ruf des Reformators vorausgeeilt war: Henry George Liddell, der noch aus anderen Gründen eine Rolle im Leben von Lewis

Carroll spielen sollte. Obwohl er hohes Ansehen genoß, erwies er sich bei Lichte betrachtet eher als konservativ, so daß die Befürchtungen im Christ Church College, es würde sich Einschneidendes ändern, unbegründet waren. Die Leitung von Christ Church lehnte zunächst alle Veränderungsvorschläge ab. Die Angelegenheit schwelte weiter, neue Proteste wurden laut – etwa die Beschwerde, einige würden sich an der Kantine des College bereichern –, bis schließlich ein Gesetz von 1867 den Konflikt beilegte. Diese neue Regelung sah eine größere Beteiligung der Betroffenen und eine gerechtere Bezahlung der Mitarbeiter der Universität vor. Aus heutiger Sicht mag dieses Ereignis vergleichsweise nebensächlich erscheinen, es beleuchtet jedoch die Traditionsbindung der damaligen Universität Oxford und die geringe Bereitschaft, demokratische Strukturen einzuführen.

Obwohl er diese Ereignisse in seinen Tagebüchern nur sehr am Rande oder gar nicht erwähnt, hat sich Lewis Carroll aus diesen und aus später auftretenden hochschulpolitischen Fragen nicht herausgehalten. Er stand zwar nicht an vorderster Front, hat sich aber durchaus an der Ausarbeitung von Reformvorschlägen beteiligt. Wenn es aber um theologische Fragen oder um die Aufnahme von Frauen an den Universitäten ging, hat er sich eindeutig auf die Seite der Konservativen geschlagen, die an der kirchlichen Tradition festhalten wollten. Das galt schließlich auch für die höchst umstrittene Frage, ob man die Universität Oxford den neuen Naturwissenschaften öffnen sollte. Hier setzte er sich unzweideutig für die klassischen Wissenschaften ein – dazu zählte für ihn auch die Mathematik – und erwog sogar 1866 seine Demission, wenn die Reform verwirklicht werden sollte. Von dieser Drohung nahm er jedoch wieder Abstand, als das Reformgesetz schließlich 1867 verabschiedet wurde.

Bei einer der Diskussionen um die Universitätsreform ergriff er zum erstenmal öffentlich das Wort, was er später nur noch selten getan hat, da ihn seine Neigung zum Stottern dabei besonders behinderte. Nach den erhaltenen Notizen zu dieser ersten Rede zu urteilen, scheint ihm seine Haltung beim Reden wichtiger gewesen zu sein als der Inhalt: *Memo.: Wenn ich jemals wieder sprechen sollte, werde ich versuchen, nur das zu sagen, was ich auch vorhatte, bevor ich aufgestanden war.*[36] Diese ambivalente Haltung, bei der überwiegend Unsicherheit im Verhalten im Vordergrund steht, kennzeichnet im Grunde sein ganzes offizielles Leben in Oxford, nachdem er dort begonnen hatte, Mathematik zu unterrichten. Seine Schüchternheit und sein Stottern beschäftigten ihn tagtäglich so, daß sie ihn im wahrsten Sinne des Wortes behinderten. Gleichzeitig klagte er immer wieder – besonders nach 1870 – über verschiedenste somatische Beschwerden wie Kopfschmerzen, Seh- und Schlafstörungen und häufige Zahnschmerzen. Dabei achtete er sehr auf seinen Körper, studierte oft medizinische Bücher und Lexika. In den letzten Jahren seines Lebens entwickelte er eine ausgesprochene Furcht vor Epilepsie, auf die er viele seiner Symptome zurückführte, obwohl kein Arzt jemals diese Krankheit tatsächlich diagnostiziert hatte.

Der Tutor für Mathematik

Nach seinem ersten akademischen Examen war Carrol ein erster Schüler in Mathematik zugewiesen worden. So begann er 1855 zu unterrichten. In seinem Tagebuch verwirren die vielfältigen Bezeichnungen, mit denen er diese Aufgabe belegt. Denn er spricht einerseits von *school* und *pupils*, andererseits von *Tutor* und schließlich auch von *lecture* im Sinne von Vorlesung. Bei Lichte betrachtet handelt es sich um eine betreuende Tätigkeit, wie wir sie heute verstehen würden. Carroll hatte jeweils einige Studenten, die zu ihm kamen und die er in kleineren Gruppen unterrichtete.

Zunächst war sein Erfolg bescheiden, denn der Schüler erwies sich als nicht übermäßig begabt. Doch auch der Lehrer Lewis Carroll hatte große Mühe, in seine Rolle hineinzuwachsen. Bis zum Ende seiner Universitätskarriere fiel es ihm äußerst schwer, mit jungen Erwachsenen umzugehen. Das deutet sich beispielsweise in einem Brief an seine Geschwister an, in dem er sich zum erstenmal über seine neue Rolle äußert: *Mein erster Schüler hat bereits mit mir zu arbeiten begonnen, und ich möchte Euch eine Beschreibung geben, wie die Stunde verläuft. Am wichtigsten ist es, wißt Ihr, daß der Tutor würdevoll ist und gehörigen Abstand vom Schüler wahrt und daß der Schüler so klein wie möglich gemacht wird. Sonst ist er nicht demütig genug, wißt Ihr. So sitze ich also in der äußersten Ecke des Zimmers; vor der Tür (die geschlossen ist) sitzt der Diener; vor der äußeren Tür (ebenfalls geschlossen) sitzt der Unter-Diener; eine halbe Treppe tiefer sitzt der Unter-Unter-Diener; und draußen im Hof sitzt der Schüler. Die Fragen werden von einem zum anderen gebrüllt, und die Antworten kommen genauso zurück – es ist ziemlich verwirrend, bis man sich daran gewöhnt hat.*[37] Es folgt ein absurder Dialog zwischen Schüler und Lehrer, der über die «Diener» vermittelt wird und voller Mißverständnisse steckt. Selbst wenn man diesen Brief als Satire nehmen muß, in der schon Elemente des späteren Werks von Lewis Carroll aufblitzen, so enthält er doch wichtige Hinweise darauf, wie der frischgebackene Akademiker seine neue Rolle als Lehrer erlebt haben mag. Denn auch in anderen, offensichtlich ernsteren Briefen kommt er immer wieder darauf zurück, wie schwer es ihm fällt, sich zu vermitteln. Das liegt zum einen an seinen Sprachschwierigkeiten, zum anderen aber auch daran, daß er auf dem rechten Ohr fast taub ist – als Folge einer Mumps-Erkrankung in der Kindheit. So war die Kommunikation von vornherein schwierig, und man kann vermuten, daß er seine Enttäuschung über den Mißerfolg mit Burlesken überspielt hat. Im Sommer 1855 gibt er zwar mit etwas mehr Erfolg Religionsstunden für zwei Jungenklassen in der Schule seines Vaters[38], doch in Oxford bleiben seine Schwierigkeiten bestehen. Nur wenige seiner Schüler scheinen ihm intelligent, und er hat kaum Hoffnungen, ihnen etwas beibringen zu können. Über die meisten notiert er bereits nach wenigen Unterrichtsstunden in sein Tagebuch, sie hätten kaum Vorwissen und keinerlei Begabung für Mathematik. Vor allem beklagt er aber, daß seine Schüler undiszipliniert und laut seien. *Die Klasse war wieder laut und unruhig – ich habe bisher noch keinen Weg gefunden, Ordnung herzustellen*[39], schreibt er am 15. Februar 1856 und denkt schon zwei Wochen später über grundlegende Konsequenzen nach: *[…] es ist sehr entmutigend, ich denke immer mehr, ich sollte im Augenblick das Unterrichten dort beenden.*[40] Drei Tage später gibt er es vorerst auf, nicht ohne geradezu verächtlich auf seine Schüler zurückzublicken: *Die ganze Mühe ist weder Zeit noch Ärger wert.*[41] Er versucht sich zwar im Herbst desselben Jahres noch einmal im Mathematikunterricht, doch danach tauchen nur noch gelegentliche Notizen über diesen Teil seiner Arbeit auf, obwohl er sie noch über zwanzig Jahre lang betrieben hat. In seinen Beschreibungen nimmt die Arbeit des Tutors immer häufiger den Charakter des Privatunterrichts an, wo er aber auch bemerkenswerte Ungeduld mit seinen Schülern an den Tag legt.[42] Das alles verschafft ihm einen schlechten Ruf als Dozent für Mathematik. «Ich fragte einen [von Carrolls früheren Schülern], ob Carrolls Vorlesungen schlecht waren. Er sagte, sie seien stinklangweilig gewesen. Ich fragte noch einen anderen, ob er ein schwacher Tutor gewesen sei. Er sagte, daß er und einige andere einen Rundbrief an die Leitung des College unterschrieben hätten, in dem sie darum gebeten hätten, den Unterricht in andere Hände zu legen.»[43] So hat die Biographin Florence Becker Lennon noch 1932 im «Listener» über ehemalige Studenten von Lewis Carroll berichtet. Von dem Humor, der sich später in seinen Büchern findet, war im Unterricht offensichtlich wenig zu spüren.

Der Priester wider Willen

Ähnlich problematisch und ambivalent war Carrolls Beziehung zum Priesteramt, zu dem er sich bei der Annahme des Stipendiums und seinem lebenslänglichen Wohnrecht im Christ Church College verpflichtet hatte. Ganz ohne Zweifel hätte es sein Vater gerne gesehen, wenn er Priester geworden wäre und damit die Tradition der Familie, die seit zwei Generationen bestand, fortgeführt hätte. Unter diesem Druck schwankte

Carroll auch nach seinem ersten Examen lange zwischen Mathematik und Priesteramt. Noch 1857 hatte er sich einen regelrechten Plan zurecht-gelegt, nach dem er sich jeden Morgen abwechselnd drei bis vier Stunden mit Mathematik bzw. Theologie beschäftigte. Doch es gab eine Reihe von Hindernissen, die es ihm schwer machten, sich selbst als Priester vorzu-stellen. Da war zum einen die puritanische Lebensweise, die von einem Priester erwartet wurde. Vor allem aber die Aussicht, nicht mehr ins Thea-ter gehen zu dürfen, mußte für ihn schmerzlich sein, denn er hatte sich in seinen Studienjahren in Oxford daran gewöhnt, regelmäßig die neuesten Inszenierungen in London zu besuchen. Angesichts seiner Neigung zum Stottern dürfte ihn ganz besonders die Vorstellung, predigen zu müssen, erschreckt haben. Jedenfalls spricht er mehrfach in seinem Tagebuch und auch in Briefen davon. Unter dem Druck des Vaters, den dieser nicht direkt ausübte, den der Sohn aber dennoch spürte, und gewiß auch we-gen seiner religiösen Überzeugungen konnte er sich dem kirchlichen Amt jedoch nicht ganz entziehen. Im Dezember 1861 ließ er sich zum Diakon weihen, ausgerechnet von Dr. Wilberforce, dem Bischof von Oxford, der sich durch besondere puritanische Strenge auszeichnete.

Obwohl nun der erste Schritt zur Priesterweihe getan war, hat Lewis Carroll diesen Weg nicht fortgesetzt, er wurde nie Priester, auch wenn er bis zu seinem Lebensende ab und an gepredigt hat. Denn schon bald stellten sich seine Bedenken als durchaus berechtigt heraus. Es fiel ihm außerordentlich schwer, vor einer Gemeinde zu sprechen. «Er wußte ge-nau, was er sagen wollte, und in seinem Bestreben, seine Ansichten klar auszudrücken, vergaß er völlig seine Zuhörer»[44], umschreibt ein Zeitge-nosse noch recht höflich die Situation. Auch als Diakon hat sich Carroll nie in seine Rolle einfinden können. Noch 1881, als er einige Worte bei der Beerdigung des Bruders eines Freundes sagen soll, gerät er außeror-dentlich unter Druck. *Ich habe mit Schrecken [terror] der Prüfung [der bevorstehenden Predigt] entgegengesehen. Seit Jahren habe ich nicht mehr versucht zu predigen.*[45] Doch zu diesem Zeitpunkt war er bereits vom Priesteramt befreit: Eine Prüfung durch den Dekan hatte 1861 ergeben, daß Carroll aufgrund seines langen Aufenthalts in Oxford nicht mehr verpflichtet war, Priester zu werden. Man hatte ihn offensichtlich überse-hen. Die Universität und die Kirche ließen die Angelegenheit auf sich beruhen. Nach dieser ihn wohl erleichternden Entscheidung hat Lewis Carroll nur bei wenigen Gelegenheiten noch gepredigt. Dadurch änderte sich aber nichts an seinen strengen religiösen Überzeugungen, die für ihn eher noch an Bedeutung zunahmen. Sie dienten ihm gleichsam als Ge-rüst für sein Verhalten, für sein Streben nach Selbstkontrolle und prägten so seinen Alltag.

Euklid und die Logik

Im Jahr 1857 schließt Lewis Carroll sein Mathematikstudium in Oxford mit dem Magisterexamen ab. Obwohl einige Biographen ihn gelegentlich als «Professor» sehen wollen, bleibt der Magistergrad der höchste akademische Abschluß, den er erwirbt. Auf dieser Grundlage betreibt er seine Arbeit als Tutor bis zum Jahre 1881, in dem er beschließt, seine «Vorlesungen» einzustellen, was ihm offensichtlich trotz aller Schwierigkeiten und Enttäuschungen nicht leichtfällt. *Ich habe in meinem Tagebuch gesehen, daß ich meine erste Euklid-Vorlesung am Montag, den 28. Januar 1856 im Hörsaal des College gegeben habe. Eingeschrieben hatten sich zwölf Zuhörer, wovon neun anwesend waren. Heute morgen habe ich wahrscheinlich meine letzte gegeben: die Zahl der Hörer ist jetzt auf neun zurückgegangen, von denen am Montag alle anwesend waren: da heute Feiertag war, war die Teilnahme freiwillig und es waren nur zwei da.*[46]

Neben seiner Tutoren-Tätigkeit hat sich Carroll ausführlich mit mathematischen Spezialfragen beschäftigt, über die er auch Bücher veröffentlichte. Hier war er augenscheinlich erfolgreicher als beim Unterricht. Und doch gibt es einen unübersehbaren Zusammenhang. Denn jene didaktischen Probleme, mit denen er zu kämpfen hatte, waren ursprünglich Anlaß für ihn gewesen, Bücher über Geometrie, Mathematik und Logik zu schreiben. Schon zu Beginn seiner Lehrtätigkeit in Oxford hatte er sich darüber Gedanken gemacht, wie er den Unterricht anders, besser gestalten könnte. So notiert er am 12. Mai 1855 in seinem Tagebuch: *Ich begann ein Schema zu erstellen, nach dem man systematisch den ersten Teil der Algebra unterrichten könnte: etwas, was offenbar zuvor niemand versucht hat – ich finde es ungemein schwierig, dafür eine befriedigende Lösung zu finden.*[47]

Aus dieser Überlegung heraus hat er sein erstes Buch konzipiert: *A Syllabus of Plane Algebraical Geometry*, erschienen im Jahre 1860. Ob dies allerdings tatsächlich in seinen Unterricht eingegangen ist, dafür gibt es kaum Anhaltspunkte. Im Tagebuch selbst tauchen nach 1856 nur noch wenige Notizen und Überlegungen zum Unterricht und zur Mathematik überhaupt auf. Im Vordergrund stehen sein Alltag, später die Fotografie und seine Begegnungen mit seinen kleinen Freundinnen. Über die Gründe, warum sein eigentlicher Beruf kaum eine Rolle spielt, kann man nur spekulieren. Es mag sein, daß er ihm tatsächlich nicht so wichtig war, es mag aber auch sein, daß er Notizen über ihn in anderen Heften festgehalten hat, wie er es Mitte der fünfziger Jahre angekündigt hatte. Diese mathematischen Tagebücher sind aber – wenn es sie wirklich gegeben haben sollte – heute nicht mehr auffindbar. Dennoch deuten verschiedene Bemerkungen und Notizen darauf hin, daß Carroll sich zeitlebens mit dem Problem, wie man Mathematik und Algebra attraktiver machen könne, beschäftigt hat. In der privaten Morris L. Parrish

Collection in Princeton, einer der umfangreichsten Sammlungen von Dokumenten über Lewis Carroll, befinden sich zahlreiche Manuskripte, Exzerpte und andere Texte des Mathematik-Tutors, die er offenbar größtenteils zur Vorbereitung seines Unterrichts angelegt hat.[48] Daraus sind zahlreiche Bücher entstanden, die er im Gegensatz zu seinen anderen Werken unter seinem eigentlichen Namen veröffentlicht hat. Nach dem ganz frühen über Algebra, nach Anleitungen zur Trigonometrie (1861) und Einführungstexten in die Mathematik für Studenten, veröffentlichte Charles Dodgson auch zwei Bücher über Euklid, eine zweiteilige *Curiosa Matematica* (1888 bzw. 1893) und ein umfangreiches Werk zur symbolischen Logik (1896).

In ihnen wird immer wieder deutlich, wie sehr sich Carroll um ansprechende didaktische Präsentation des Stoffs gekümmert hat. Doch was zu Beginn noch als ernsthaftes Bemühen um angemessene Kurse erschien, verlagert sich auch hier immer mehr auf die spielerische Ebene, auf die Ebene des Nonsense und der Groteske. Die Mathematik war für ihn, wie Jean Gattégno sagt, zunächst «Wissenschaft und wird dann zum Spiel».[49] Gegen Ende seines Lebens nähert sich der Mathematiker Charles Lutwidge Dodgson auch in diesem Bereich immer mehr dem Poeten und Nonsense-Dichter Lewis Carroll an. Das wird nicht zuletzt an jenem Werk deutlich, das als sein mathematisches Hauptwerk gilt: *Euclid and His Modern Rivals* (1885). Mit Euklid hatte er sich schon seit den sechziger Jahren befaßt und war hier zu einem der entschiedensten Verfechter der über 2000 Jahre alten euklidischen Geometrie geworden, welche gerade im 19. Jahrhundert immer mehr in Frage gestellt und von vielen Mathematikern «behutsam» reformiert wurde. Hauptangriffspunkt war das Parallelaxiom, wonach es zu einer beliebigen Geraden nur jeweils eine andere Gerade gibt, die durch einen beliebigen nicht auf ihr befindlichen Punkt verläuft und sie niemals schneidet, auch nicht im Unendlichen. Im 19. Jahrhundert haben sich viele Mathematiker darin versucht, diesen Satz zu beweisen. Da dies aber nicht gelang, suchten diese «modernen Rivalen» Euklids nach anderen Bezugssystemen. Gegen sie verteidigte Lewis Carroll einen konservativen Standpunkt im Sinne Euklids. Doch interessanter als seine unter den Mathematikern seiner Zeit selbst umstrittenen Positionen ist die Darstellung, die Carroll in seinem Buch wählt, denn er konzipiert seine mathematische Studie als Theaterstück. Die Auseinandersetzung um mathematische Fragen wird in Dialogform präsentiert. In Carrolls Begründung für diese Art wissenschaftlicher Darstellung wird sichtbar, daß es ihm weniger um mathematische Fragen an sich geht als um die Darstellung, um die Aneignung eines Regelsystems: *Es wird in dramatischer Form präsentiert, teilweise weil es der bessere Weg ist, um im Wechsel die Argumente der beiden Seiten vorzubringen; teilweise fühle ich mich dadurch freier, es in einem trockeneren Stil zu präsentieren, als dies bei einem Essay möglich wäre. So soll es we-*

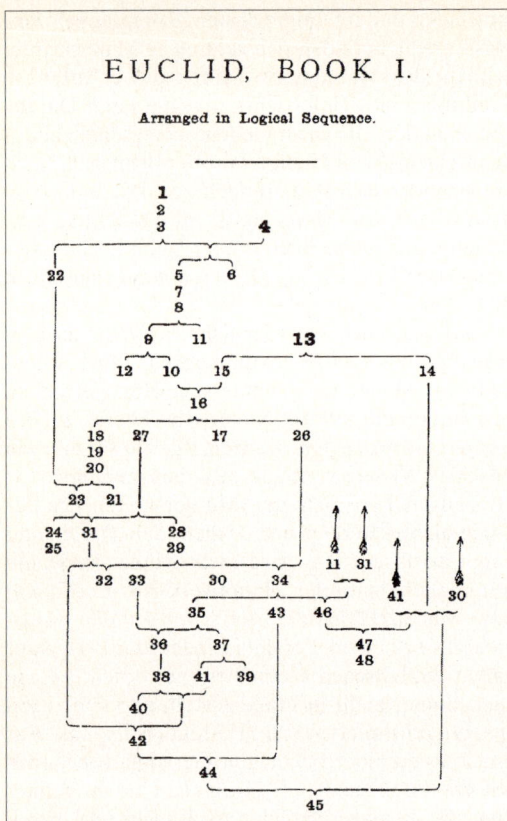

EUCLID, BOOK I.

Arranged in Logical Sequence.

Vorsatzblatt
aus «Euclid
and His Modern
Rivals», 1885

niger langweilig und auch für Nicht-Wissenschaftler besser verständlich werden.

In einer Hinsicht ist dieses Buch ein Experiment und es mag deshalb ein Mißerfolg werden: Ich meine, daß ich es nicht für nötig erachtet habe, den ernsten Ton beizubehalten, den wissenschaftliche Autoren üblicherweise anschlagen, der irgendwie als ein «Schicksal» angesehen wird, das untrennbar mit der wissenschaftlichen Unterweisung verbunden ist. [...] Freunde haben mich gewarnt [...] ich würde mir die Sympathie jedes echten wissenschaftlichen Lesers verscherzen, der das Buch als ein einfaches jeu d'esprit betrachten würde [...]. Aber es muß berücksichtigt werden, daß dort wo Skylla ist, auch Charybdis erscheint – und daß ich in meiner Befürchtung, das Buch könnte als Scherz gelesen werden, mir das noch schwerere Schicksal einhandeln könnte, gar nicht gelesen zu werden.[50]

Lewis Carroll war gewiß kein bedeutender Mathematiker und wäre längst vergessen, wenn er nicht auch noch andere Werke geschaffen hätte. Das bestätigen auch die Aussagen von zeitgenössischen Kollegen, die ihm formale wie inhaltliche Fehler nachweisen.[51] Was aber die Begründung für die Form seines mathematischen Werks bedeutsam macht, ist das Gewicht, das der Vermittlung, dem Medium selbst zugeschrieben wird. Hier steht er inhaltlich wie formal seinen anderen Werken sehr nahe. Es geht ihm weniger um das Thema selbst, das er behandelt, sondern stets um die Frage: Wie nähere ich mich der Realität? Ganz im Sinne des 19. Jahrhunderts kann er sich das nur über die Form der Inszenierung vorstellen, die bestimmten Gesetzen gehorcht und medial vermittelt ist – hier im Unterricht oder in anderen Zusammenhängen im Theater, der Fotografie oder der Poesie. Dieser Zugang zur Realität über Regeln macht es ihm erst möglich, sich gegenüber sich selbst zu verhalten. Die Mathematik und die von ihm aufgestellten Regeln, mit denen er sich von anderen, «ernsthaften» wissenschaftlichen Autoren unterscheidet und somit eine eigene Identität gewinnt, stellen ein Gerüst für diese Selbstvergewisserung dar. In diesem Sinne berühren sich die Mathematik und die Geometrie des Charles Lutwidge Dodgson mit der Fotografie und Poesie des Lewis Carroll. Hinter dem Kampf gegen das Konventionelle verbirgt sich im Kern der Triumph der selbst aufgestellten Regeln, die nur so zu den eigenen werden.[52]

Die Auseinandersetzung mit der Geometrie, sein Versuch, dort eigene Bezugssysteme zu finden, geht einher mit der Kritik an der modernen Wissenschaftsentwicklung, die Carroll als den Menschen immer entfremdeter erlebt. In der Debatte um neuere Perspektiven in der Wissenschaft nimmt er eine konservative Haltung ein, indem er vor allem fragt, wie weit Wissenschaft – hier vor allem die Naturwissenschaft – gehen dürfte. Entzündet hat sich diese Debatte an der Frage der Vivisektion, die Carroll nur in wenigen Fällen für erlaubt hält.[53] Vielmehr betont er, Wissenschaft dürfe nicht all das, was ihr theoretisch möglich sei. Dahinter verbirgt sich auch die Kritik an der Weltfremdheit von Wissenschaftlern, die er etwa in die Burleske vom Professor kleidet, der mit großer Überzeugungskraft nachweist, das Wetter komme heute aus der Horizontalen.[54] Ob er damit ausschließlich seine Kollegen oder auch selbstkritisch sich meint, sei dahingestellt. Doch diese Figuren und sein Vorgehen gegen den modernen, weltfremden Rationalismus verweisen darauf, wie sehr er auch hier nach eigenen Wegen, nach eigenen Bezugssystemen sucht.

Seine Aktualität wird vollends dort deutlich, wo die geometrischen und mathematischen Studien in Logik und schließlich in Spiele übergehen. Über sein ganzes Werk verstreut, verstärkt aber am Ende seines Lebens, hat Carroll immer wieder Puzzles, Rätsel und andere Geschichten erfunden, die häufig von Zahlen ausgingen, im Kern aber die Frage nach der menschlichen Existenz, der Realität und der Inszenierung gestellt haben. Auch die wichtigsten poetischen Werke und die Briefe enthalten versteckt solche Rätsel.

Lewis Carroll hatte zwei Lieblingsrätsel, die in unterschiedlichen Varianten an mehreren Stellen seines Œuvres vorkommen. Beide fragen nach der Realität und damit verbunden auch nach der Identität des Menschen. Das eine ist ein Rätsel, das als erstes in den Tagebüchern auftaucht und als Phantasie in ähnlicher Form bis heute viele Kinder beschäftigt hat: Wo beginnt der neue Tag? Wenn jemand, so fragt Carroll, am Dienstagmorgen in London losgeht und in der gleichen Geschwindigkeit wie die Sonne nach Westen läuft, wissen wir, daß er am nächsten Morgen wieder in London ist und daß es dann Mittwochmorgen ist. Aber wann und wo hat der Tag seinen Namen verändert?[55] Die Zeit, die Unmöglichkeit, sie anzuhalten, sie zu beherrschen, das ist ein zentrales Thema des Carrollschen Werkes. In der Form des Rätsels, des Paradoxons oder der phantastischen Idee greift er die Zeiterfahrung der Moderne auf, die nicht mehr gebunden ist an die Vorstellung einer zyklischen Zeit, welche von natürlichen Rhythmen bestimmt ist. Diese Spiele und Rätsel kann man deshalb auch als Versuch verstehen, die Zeit nicht nur wieder begreifbar, sondern auch beherrschbar zu machen.

Einer ähnlichen, aber auf den Körper im Raum bezogenen Frage gilt das zweite von Carroll selbst favorisierte Rätsel vom Affen und dem Gewicht: An der Decke hängt ein völlig gewichtloser Flaschenzug, über den

ein ebenfalls gewichtloses Seil läuft. Am einen Ende des Seils sitzt ein Affe, am anderen hängt ein Gewicht, das genau dem des Affen entspricht. Was passiert, wenn der Affe an dem Seil hinauf- oder hinabklettert? Mit großem Vergnügen kolportiert Carroll, daß auch gestandene Mathematik-Professoren für dieses Denkspiel ganz unterschiedliche Lösungen anboten: *Ich bekam Professor Cliftons Antwort auf das Problem vom «Affen und dem Gewicht». Es ist sehr kurios, welche unterschiedlichen Sichtweisen die guten Mathematiker einnehmen. Price sagt, das Gewicht geht n a c h o b e n, mit zunehmender Geschwindigkeit. Clifton (und Harcourt), daß es nach oben steigt in der gleichen Geschwindigkeit wie der Affe, während Sampson sagt, es gehe nach unten.*[56] Diese Art Rätsel spielt sicherlich mit der Überlegenheit des Fragenden, der natürlich weiß, daß Gewicht und Affe sich jeweils auf derselben Höhe gegenüberstehen werden, wie schnell auch der Affe nach oben oder unten klettert. Doch die Frage, die ihn bewegt, ist zugleich eine andere: Wie sind die Gewichte in der Lebenswelt verteilt? Wie reagiert etwas oder jemand, wenn ich mich selbst in bestimmter Weise bewege oder allgemein verhalte? Das sind Fragen nach der Ordnung der Welt, die Carroll bis ins hohe Alter beschäftigen sollen.

Auf dieser Ebene trifft er sich auch mit den Mädchen, denen er bevorzugt solche Rätselaufgaben stellt. Die Briefe an kleine Mädchen enthalten viele solcher Beispiele, etwa der Art: *Warum ist Agnes wie ein Thermometer? Weil sie nicht steigt, wenn es kalt ist (aus dem Bett nämlich).*[57] Oder das sehr viel differenziertere Rätsel vom Fuchs, der Gans und dem Sack Korn: *Die brachte der Mann vom Markt, und er mußte sie über einen Fluß schaffen, und das Boot war so winzig, daß er immer nur eines hinüberfahren konnte; und er konnte den Fuchs und die Gans nicht allein zurücklassen, denn dann hätte der Fuchs die Gans gefressen; und wenn er das Korn und die Gans zurückgelassen hätte, hätte die Gans das Korn aufgefressen. Das einzige, was er also ohne Gefahr beieinander lassen konnte, waren der Fuchs und das Korn, denn man hat keinen Fuchs gesehen, der Korn frißt, und man sieht selten Korn, das einen Fuchs frißt. Frag sie [Sally], ob sie d a s Rätsel lösen kann.*[58] Mit diesen Denksportaufgaben, die er gewiß nicht allein erfand, sondern auch übernahm und modifizierte, hatte Lewis Carroll bereits seine Geschwister in Croft unterhalten und vieles davon in der überwiegend von ihm geschriebenen Familienzeitschrift «Rectory Umbrella» veröffentlicht. Ein größerer Teil der späteren Schriften zur Logik basieren letztlich auf derartigen Aufgaben. Häufig sind sie illustriert oder durch Rätsellabyrinthe und Puzzles ergänzt. Dazu zählen Sammlungen wie *The Game of Logic* ebenso wie die «seriösen» Studien zur symbolischen Logik, die Carroll zum Teil noch zu seinen Lebzeiten zusammengestellt hat.[59] Alice, Sylvie und Bruno sowie andere Gestalten aus den Werken Lewis Carrolls kämpfen, wie sich noch zeigen wird, ebenfalls mit «Kopfnüssen». Diese scheinen eine Welt abzubilden, die aus der Ordnung geraten ist, gleichzeitig stellen sie aber auch einen auffälligen Kontrast zu der viktorianischen Welt der Universitätsstadt Oxford dar, in der sich alles routiniert und gleichmäßig abzuspielen scheint. Hier bestimmt ein festgelegter Tagesablauf das Leben der Studenten und Dozenten. Die Arbeit wird allenfalls unterbrochen durch Besuche, Tee-Nachmittage oder kleinere abendliche Empfänge. Demgegenüber steht die große Stadt London, die schnell expandiert und jene «modernen» Verlockungen bereithält, die sich mit dem Großstadtleben verbinden lassen: Theater, technische Neuerungen, ein scheinbar freieres Leben. Für Carroll, der zwischen beiden Welten pendelt, muß die Spannung stets aufs neue die Frage nach dem eigenen Standort, dem eigenen Rätsel, aufgeben.

Alltag in Oxford

Das Alltagsleben Charles Lutwidge Dodgsons dürfte wenig von dem Reiz gehabt haben, der seine Erzählungen, seine Rätsel und Puzzles, ja sogar seine mathematischen Dialoge auszeichnet. Der sensible und feinsinnige Mann, der immerhin über vierzig Jahre fast unverändert am gleichen Ort gelebt und garbeitet hat, führte ein sehr eintöniges, von Regeln und Konventionen bestimmtes Leben. So stand er meist früh auf, besuchte die Andacht, arbeitete nach dem Frühstück und nutzte die Mittagszeit und die Nachmittage zu ausgiebigen Spaziergängen. Da er an extremen Schlafstörungen litt, arbeitete er oft abends und nachts, schrieb Briefe, von denen etwa 90000 im Lauf der Jahre entstanden sind, und konzipierte seine Bücher und Erzählungen. Häufig notierte er nach dem Aufwachen Gedanken und Bilder aus Träumen, die er dann später verwertete. Sie sind der Ausgangspunkt für viele Rätsel, aber auch Grundlage der meisten Erzählungen.

Wenn er nicht schrieb, dann beschäftigte er sich mit den Büchern seiner Bibliothek, über die wir relativ genau Bescheid wissen, weil sie nach seinem Tod von vier Auktionshäusern zur Versteigerung katalogisiert wurden.[60] Diese knapp 2000 Bände belegen die vielfältigen Interessen des Besitzers, die sich nicht nur auf seine eigentlichen Fächer Mathematik und Theologie beschränkten, sondern neben der klassischen Literatur auch große Teile der englischen Dichtung seiner Zeit einschlossen. Vertreten sind neben den Werken von Shakespeare so wichtige Autoren des 19. Jahrhunderts wie Charles Dickens, Alfred Tennyson, Lord Byron, William Makepeace Thackeray. Auffallend sind darüber hinaus aber auch die zahlreichen Erziehungs- und Ratgeberschriften und die kulturhistorischen Werke. So sind die Schriften des von Goethe hochgeschätzten Johann Caspar Lavater ebenso vertreten wie Bells «Anatomie» oder

Lewis Carrolls Wohn- und Arbeitsraum in Christ Church

Bücher zur Erziehung von Mädchen, zur Geschichte der Frauen usw.[61] Ein besonderer Schwerpunkt liegt auf historischer Literatur und auf Autoren der Antike. Über seine Leseerfahrungen berichtet Carroll auch mehrfach im Tagebuch[62], allerdings hier eher unter dem Aspekt der Bildung und des für einen Angehörigen der Universität Oxford notwendigen Wissens, weniger weil ihn diese Texte besonders beeindruckt hätten – jedenfalls lassen seine Notizen kein besonderes Interesse erkennen.

Unterbrochen wurde sein recht streng reglementierter Tagesablauf von häufigen Besuchen und Empfängen bei Kollegen, einer großen Anzahl an Ausflügen und schließlich von seinen zahlreichen Fahrten nach London – wo er immer in demselben Hotel in Covent Garden übernachtete[63] – sowie zu seinem Vater und seinen Geschwistern, zunächst nach Croft und nach dem Tod des Vaters nach Guildford. So wie sein Tagesablauf folgten auch seine Ferien strengen Regeln. Er fuhr oft die ganzen Universitätsferien über an die gleichen Küstenorte, meist Sandown oder Eastbourne. Nur ein einziges Mal verließ er England, um mit seinem Freund H. P. Liddon im Juli 1867 eine Reise nach Rußland zu unternehmen, die ihn aber nur wenig beeindruckte, auch wenn er sie minutiös in einem eigenen Buch außerhalb der Reihe seiner Tagebücher festhielt.

Man kann sich diesen Mathematik-Tutor in Oxford als exzentrischen, sehr empfindlichen Menschen vorstellen, der sich nicht scheut, zu allen Jahreszeiten Handschuhe zu tragen, dagegen häufig auch im Winter

Lewis Carroll. Foto von Booth (?), 1855

einen Mantel verschmäht. Er muß ein zartgliedriger, sehr schlanker Mann gewesen sein, der oft nur recht wenig aß.[64] Er ging nicht nur mit anderen, sondern vor allem mit sich selbst sehr pedantisch um. Nicht nur daß er alle seine Begegnungen mit anderen Menschen, alle Fotos, die er machte, in seinem Tagebuch verzeichnete und seine Briefe exakt archivierte, auch über seine Finanzen führte er akkurat Buch.[65]

Er begegnete vielen Menschen, traf sich mit ihnen zu Spaziergängen oder zum Essen, die Begegnungen waren aber nur kurz. Obwohl er auf guten Manieren beharrte, beendete er die Beziehungen häufig mit sehr

Der große Saal («Great Hall») von Christ Church

ruppigen Briefen, in denen er sich über Fehlverhalten oder schlechtes Benehmen der anderen beschwerte. Andererseits legte er äußersten Wert auf gesellschaftliche Anerkennung, die er oft dadurch zu erreichen hoffte, daß er seine Bücher oder seine Fotografien verschenkte.

Vor allem gegen Ende seiner Laufbahn galt er auch im Christ Church College als schwieriger Kollege, der sich oft als Querulant aufführte, wenn er eine Regel nicht akzeptieren wollte. Abgesehen von der Aufsicht über den Kirchgang bekleidete Lewis Carroll während seiner eigentlichen Lehrtätigkeit kein wichtigeres Amt. Kurze Zeit war er an der Bibliothek beschäftigt und unternahm dort erste Versuche, einen systematischen Katalog zu entwickeln. Dies spricht für seine Neigung, die Welt zu ordnen, aber letztlich auch neue Medien zu nutzen oder gar zu schaffen. Nach dem Ende seiner Unterrichtstätigkeit jedoch ließ er sich 1882 zum Kurator am Christ Church College wählen und übernahm damit die Aufgabe, den Gemeinschaftsraum («Common Room») zu beaufsichtigen und die Aktivitäten dort zu organisieren. Der Common Room war von 8 Uhr in der Früh bis 10 Uhr abends geöffnet. Hier trafen sich Studenten und Mitarbeiter der Universität nach dem Essen oder zogen sich dorthin zurück, um zu lesen, zu schreiben oder sich zu unterhalten. Im Common Room macht Carroll auch seine Mitbewohner mit einer Laterna magica bekannt und führt sie in die neue Welt der technischen Medien ein. Trotz dieser Erfolge merkt er über diese Zeit in seinem Tagebuch vor allem an, daß die Räume in einem schlechten Zustand und nur begrenzt zu nutzen seien.[66] Allerdings gibt er 1889 die Tätigkeit als Kurator wieder auf.

Die phantastische Welt
des Charles Lutwidge Dodgson

Am ersten Freitag im Juli des Jahres 1862 ruderten zwei Männer in Begleitung von drei kleinen Mädchen mit einem Boot die Isis abwärts, einen schmalen Flußarm im Oberlauf der Themse. Die kleine Gesellschaft hatte sich gut versorgt. Unter den Sitzbänken waren große Picknickkörbe verstaut, gefüllt mit kaltem Hühnerfleisch, Salat, Brot und anderen Leckereien. Während sie so gemächlich dahinruderten, kam Langeweile auf. Deshalb bemühte sich einer der beiden etwa dreißig Jahre alten Männer immer wieder um die Unterhaltung der drei lebhaften Mädchen. Doch was kann man schon in einem Boot tun, wenn der ersehnte Picknickplatz noch weit ist und das Boot sich nur langsam vorwärtsbewegt? So gab es nur eine Lösung, die allen gefiel: Man erfand Geschichten. In dieser Situation entstand aus dem Stegreif die sonderbare Erzählung von einem kleinen Mädchen namens Alice, die wundersame Abenteuer unter der Erde und in der Welt der Tiere und Fabelwesen erlebt. Besonders jene Episode hatte es den Mädchen angetan, in der Alice die Tiere im Teich trifft, mit ihnen ans Ufer schwimmt und alle zusammen schließlich beratschlagen, wie sie am schnellsten wieder trocken werden. Immer wieder trugen die Mädchen zu der Geschichte bei, ergänzten sie und erfanden neue Abenteuer. Auch später, als die kleine Gesellschaft am Ufer im Gras saß und es sich schmecken ließ, kamen immer neue Ideen auf, und die Geschichte wurde weitererzählt. Die Mädchen waren so vertraut mit dem Geschehen, als hätten sie es selbst miterlebt.

Und in der Tat erinnerten sie sich noch gut an ihre Erlebnisse, als sie zwei Wochen zuvor bei einem ähnlichen Ausflug in einen schrecklichen Regen geraten waren. Auch damals waren sie zu ihrem Lieblingsplatz bei Nuneham gerudert, hatten sich bei William Harcourt Teller, Besteck und Schüsseln geliehen und hatten ausgiebig gespeist. Doch auf dem Rückweg war geradezu ein Unwetter über sie hereingebrochen, das alle so beeindruckt haben muß, daß der Erzähler der Alice-Geschichte diese Begebenheit ausführlich in seinem Tagebuch festhielt: *17.Juni (Di). Ausflug nach Nuneham. Duckworth (vom Trinity [College]) und Ina, Alice und Edith kamen mit uns. Wir brachen gegen 12.30 Uhr auf und kamen gegen 2 Uhr in Nuneham an: aßen dort zu Mittag, gingen dann im Park spazie-*

ren und machten uns gegen 4.30 Uhr auf den Weg nach Hause. Etwa eine Meile hinter Nuneham begann es heftig zu regnen, und nachdem wir es kurze Zeit durchgehalten hatten, entschied ich, daß wir besser das Boot zurücklassen und zu Fuß weiter sollten: nach drei Meilen im Regen waren wir ganz schön durchnäßt. Ich ging mit den Kindern voraus ([...]), brachte sie zu dem einzigen Haus, das ich in Sandford kannte, und zwar das von Mrs. Broughton ([...]). Ich ließ sie bei ihr, damit ihre Kleider wieder trocknen konnten, und machte mich auf die Suche nach einem Fahrzeug, aber es war keines aufzutreiben, deshalb wanderten Duckworth und ich nach der Ankunft der anderen nach Iffley, von wo wir ihnen eine Droschke schickten. Gegen 8.30 Uhr tranken wir alle zusammen bei mir Tee, danach brachte ich die Kinder nach Hause ([...]).[67]

An dieses Ereignis erinnerten sich die Mädchen, als sie an jenem Freitag im Juli am Ufer des Flusses saßen und den Erzählungen ihres Freundes lauschten. Überdies drohte ihnen wieder ähnliches Ungemach, weil der Himmel sich auch jetzt wieder verfinsterte.[68] So ist es kein Wunder, daß auch in der Geschichte alle pudelnaß sind und erst nach einigen Mühen wieder trocken werden. Wie die Gesellschaft am Fluß weiß schließlich auch Alice nicht so ganz genau, wo sie ist und wie sie nach Hause kommen soll.

Nun mag diese Begebenheit recht beiläufig und alltäglich wirken und über eine Eintragung ins Tagebuch hinaus kaum erwähnenswert sein, wenn in ihr nicht der Anfang eines höchst ungewöhnlichen Beitrags zur Literaturgeschichte liegen würde: Lewis Carrolls erste Geschichte von *Alice im Wunderland*. Die am 4. Juli 1862 auf der Fahrt zum Picknick erfundene Erzählung bildet im Kern das dritte Kapitel jenes Buches, das unzählige Kinder und Erwachsene noch heute begeistert verschlingen. Für den Autor scheint dieses Ereignis zunächst eher nebensächlich gewesen sein, denn erst ein gutes halbes Jahr später, im Februar 1863, ergänzt er in seinem Tagebuch die Eintragung vom 4. Juli 1862: *Bei dieser Gelegenheit erzählte ich ihnen die Geschichte von Alices Abenteuer im Untergrund, die ich versprochen hatte, für Alice aufzuschreiben, das ist jetzt fertig (was den Text betrifft), obwohl die Bilder noch lange nicht so weit sind.*[69]

Lewis Carroll verbrachte bereits seit einigen Jahren regelmäßig einen Teil des Sommers in Oxford und Umgebung. Bei schönem Wetter unternahm er Ausflüge mit Freunden oder immer häufiger mit seinen kleinen Freundinnen. Die drei Mädchen, die ihn in diesem Sommer 1862 begleiteten, waren Lorina, Edith und Alice Liddell, die Töchter des Dekans von Christ Church College. Sie kannten sich schon seit einigen Jahren. Zunächst hatte Lewis Carroll, als er in der Bibliothek arbeitete, die Mädchen nur beobachtet. Vom Fenster an seinem Arbeitsplatz aus konnte er gut in den Garten des Dekans schauen und sah dort bei schönem Wetter den Kindern beim Spiel zu. Das änderte sich aber bald.

Die Bibliothek von Christ Church

Denn im April 1856 hatte er sich darum bemüht, vom Garten des Dekanats aus die Kirche zu fotografieren. Das schlug zwar aufgrund der Lichtverhältnisse fehl, doch machte er dabei die Bekanntschaft der Liddell-Mädchen und freundete sich mit ihnen an. *Ich versuchte die Kirche zu fotografieren [...]. Die drei kleinen Mädchen waren die meiste Zeit im Garten und wir wurden sehr gute Freunde: wir versuchten sie in den Vordergrund zu plazieren, aber sie waren keine sehr geduldigen Modelle. Ich markiere diesen Tag mit einem weißen Stein.*[70] Die Formulierung *mit einem weißen Stein markieren* sollte von dieser ersten Begegnung mit den Mädchen an noch häufiger in seinem Tagebuch auftauchen. Sie steht fast immer für eine besonders angenehme und eindringliche Begegnung mit kleinen Mädchen.

Nach dem ersten Treffen sahen sich die drei Mädchen und Lewis Carroll immer häufiger. Ihr Beisammensein wurde intensiver, es nahm fast Züge eines Rituals an. Sie trafen sich, tranken gemeinsam Tee oder unternahmen einen Ausflug, sie erzählten Geschichten oder machten Spiele. Je nach den Lichtverhältnissen versuchte Carroll auch Bilder von den Mädchen aufzunehmen. Kurz vor ihrem Tod hat die frühere Alice Liddell noch ihre Erinnerung an diese Begegnungen aufgeschrieben: «Wir besuchten ihn mit unserer Kinderfrau in seinen Räumen. Immer wenn wir dort waren, saßen wir auf dem großen Sofa, er zwischen uns. Dabei erzählte er Geschichten und illustrierte sie mit Bleistift oder Tusche, während er weitersprach. Wenn wir richtig glücklich und von den Erzählungen begeistert waren, setzte er uns gewöhnlich in Positur und machte eine Aufnahme von uns, bevor die gute Stimmung wieder vorbei war. Er schien eine unendliche Anzahl solch wunderbarer Erzählungen zu kennen. [...] Sie waren nicht immer neu. Manchmal waren es neue Versionen alter Geschichten, manchmal fingen sie bei einer alten an und wurden dann zu einer ganz neuen, wie wir sie vorher nicht einmal erträumt hatten.»[71]

Zunächst war Mutter Liddell noch sehr von dem netten jungen Tutor am College ihres Mannes angetan, der ihre Töchter so prächtig unterhielt. Doch gegen Ende des Jahres 1856 muß es zu einer Verstimmung gekommen sein, deren Ursachen nie ganz geklärt wurden. Die Mädchen mußten daraufhin ihre Besuche bei Lewis Carroll einschränken, und das Kindermädchen sollte möglichst immer dabei sein. Dieses Mißtrauen der Mutter tat aber der Beziehung zu Carroll nur vorübergehend Abbruch. In den folgenden Jahren intensivierte sich die Freundschaft zwischen dem faszinierenden Erzähler und den Liddell-Schwestern noch. Carroll machte den Mädchen kleine, immer persönlichere Geschenke. Dabei waren vor allem die eigenen Gedichte besonders wertvoll, so etwa jenes, das er ihnen zu dem Weihnachtsfest schenkte, das der legendären Bootsfahrt voranging. Es ist bisher aus gutem Grund nicht übersetzt worden, weil es seinen Charme nur im Original bewahrt: die Anfangsbuchstaben jeder Zeile ergeben abwärts gelesen die Namen der drei Mädchen:

Little maidens, when you look
On this little story-book,
Reading with attentive eye
Its enticing history,
Never think that hours of play
Are your only HOLIDAY,
And that in a HOUSE of joy
Lessons serve but to annoy:
If in any HOUSE you find
Children of a gentle mind,
Each the others pleasing ever –
Each the others vexing never –
Daily word and pastime daily
In their order taking daily –
Then be very sure that they
Have a life of HOLIDAY.[72]

Spaß und Ferien, das war es, was die Mädchen mit dem Tutor für Mathematik in Oxford verband. Sie kannten sich im Sommer 1862 bereits gut und waren im Geschichten-Erzählen eingespielt. So wie Leben und Schabernack ineinander übergingen, so tauchen die realen Personen auch in den Erzählungen, die sie ersannen, wieder auf: wenigstens mit den Anfangsbuchstaben ihrer Namen, deutlicher aber noch als Charaktere in den Kapiteln von *Alice im Wunderland*. Denn unschwer sind die nassen Ausflügler aus der Wirklichkeit auch im Wunderland des Buches wiederzuerkennen. *Es war wahrhaftig eine sonderbare Versammlung, die sich da am Ufer traf – die Vögel alle mit strähnigem Gefieder, die Vierbeiner mit festgeklebtem Pelz, und alle zusammen tropfnaß, verdrossen und unbehaglich.*[73] So beginnt in der für Deutschland gängigen Übersetzung von Christian Enzensberger das dritte Kapitel von *Alice im Wunderland*. Im Gegensatz zu vielen anderen Passagen war dieser Abschnitt bereits in der bisher nicht übersetzten handschriftlichen Urfassung Carrolls enthalten.[74] Man kann also vermuten, daß er so auch erzählt worden ist. Enzensberger, dessen Übersetzung ansonsten sehr treffend ist, verschleiert allerdings die Spuren zum Ursprung des Werks, weil er auf die Namen des Originals verzichtet, die auch in den verschiedenen englischen Fassungen beibehalten wurden. Indem er die Tiere mit ihrem Gattungsnamen «Ente», «Weih» oder «Marabu» bezeichnet, verwischt er teilweise die Tatsache, daß Carroll mit den Namen der Figuren auf reale Vorbilder anspielt. So kann man in der Ente (engl. duck) seinen Freund und Begleiter Duckworth erkennen, der Brachvogel heißt im Original *Dodo*, eine Anspielung auf Carrolls eigentlichen Namen Dodgson, der Marabu der deutschen Fassung heißt *Lory* für Lorina Liddell, der Weih *Eaglet* für Edith Liddell und schließlich *Alice* selbst, die mittlere der Liddell-Töchter.[75] Im englischen Original wird dadurch deutlich erkennbar, daß reale Erlebnisse und die Phantasie miteinander verschmolzen sind, daß *Alice im Wunderland* in ihrem Ursprung gleichsam eine kollektive Geschichte ist, welche die Ausflügler zusammen ersonnen haben und in der sie auch gemeinsam auftreten.

Die Erlebnisse im Boot und am Flußufer müssen die Mädchen stark beeindruckt haben. Noch am selben Abend, als Carroll und sein Freund die drei Liddell-Töchter wieder nach Oxford zurückbrachten, bat ihn Alice, doch jene Episode aufzuschreiben, die er am Nachmittag mit ihnen ersonnen hatte. Carroll, der Alice nichts abschlagen konnte, machte sich gleich am nächsten Morgen im Zug von Oxford nach London daran, die Geschichte schriftlich festzuhalten. Da weder Carroll noch die Familie des Dekans Oxford bis Anfang August für die Ferien verließen, traf sich der Tutor für Mathematik noch mehrmals mit den Mädchen und unternahm mit verschiedenen seiner Freunde Ausflüge am Fluß. Zwar machte er immer wieder Versuche, die Mädchen mit Spielen oder anderen Dingen zu unterhalten, doch sie bestanden darauf, weitere Aben-

of her own little sister. So the boat wound slowly along, beneath the bright summer-day, with its merry crew and its music of voices and laughter, till it passed round one of the many turnings of the stream, and she saw it no more.

Then she thought, (in a dream within the dream, as it were,) how this same little Alice would, in the after-time, be herself a grown woman: and how she would keep, through her riper years, the simple and loving heart of her childhood: and how she would gather around her other little children, and make _their_ eyes bright and eager with many a wonderful tale, perhaps even with these very adventures of the little Alice of long-ago: and how she would feel with all their simple sorrows, and find a pleasure in all their simple joys, remembering her own child-life, and the happy summer days.

Faksimile der letzten Seite des Manuskripts von «Alice im Wunderland»

teuer von Alice zu hören. Sie werden zu Carrolls «unendlicher Geschichte», wie er selber sagt.[76] So schreibt sich die Geschichte beinahe von selbst fort. Dennoch gerät die Produktion etwas ins Stocken, weil Carroll im Oktober einige Meinungsverschiedenheiten mit dem Dekan über seine Aufgaben am College austrägt. Dieser Dissens beeinträchtigt auch vorübergehend die Treffen des Mathematik-Tutors mit den Töchtern des Dekans. Doch im November trifft er die Mädchen in Christ Church wieder, und das gibt ihm den letzten Anstoß, mit der Reinschrift von *Alice* zu beginnen.

Doch es gelingt ihm nicht, den Text als Weihnachtsgeschenk für Alice fertigzustellen. Erst im Februar schließt er die Urschrift von *Alices Abenteuer im Untergrund* ab, wie seine nachträgliche Eintragung ins Tagebuch zeigt.[77] Allmählich nimmt Carroll sein Werk selbst ernst, und erste Überlegungen, die Geschichte zu veröffentlichen, dürften aus dieser Zeit stammen. Doch es sollten noch Jahre vergehen, bevor Alices Abenteuer erstmals in gedruckter Form vorlagen.

Alice oder die Suche nach dem Sinn

Alice hob den Fächer und die Handschuhe auf, und da es im Saal sehr heiß war, fächelte sie sich zu, während sie weitersprach: «Nein, so etwas! Wie verquer doch heute alles geht! Und dabei war gestern noch alles wie gewöhnlich. Ob ich am Ende heute nacht ausgewechselt worden bin? Also, wie steht es damit – war ich heute morgen beim Aufstehen noch dieselbe? Mir ist doch fast, als wäre ich mir da ein wenig anders vorgekommen. Aber wenn ich nicht mehr dieselbe bin, muß ich mich doch fragen: Wer in aller Welt bin ich dann?»[78]

Das ist die bange und zugleich lustvolle Frage, die Alice bei ihrer Reise durch das «Wunderland» beantworten muß. Sie durchzieht die ganze Erzählung und gibt damit so etwas wie den roten Faden ab für eine Geschichte, die alle in der viktorianischen Zeit üblichen Erzählstrukturen sprengt. Denn es ist eine Reise in ein Land des Unsinns, in der die Welt nicht nur verkehrt ist, sondern sich auch stets wandelt und umwendet. So nimmt eine Figur entweder urplötzlich ganz neue Eigenschaften an, oder es verwandelt sich die ganze Umwelt, so daß die einzelnen Figuren sich jeweils neue Bezüge suchen müssen.[79] Bei soviel Wandel taucht daher immer wieder das Problem auf, was wirklich ist und was nur Phantasie, und damit schließlich ganz allgemein die Frage nach der Identität.

Als Alice gelangweilt neben ihrer Schwester im Gras liegt, sieht sie plötzlich ein weißes Kaninchen an sich vorbeiflitzen. Indem sie ihm neugierig folgt, beginnt das Abenteuer, das zunächst durch einen *abgrund-*

Lewis Carroll im Alter von 23 Jahren

tiefen Schacht in ein unterirdisches Land führt, das sich aber bald zu einer Welt mit ungeahnten Dimensionen weitet. Alice landet zuerst in einem großen Saal, aus dem nur einige verschlossene Türen herauszuführen scheinen. Hier muß sie ihre ersten Prüfungen bestehen, man könnte auch sagen: sich allein zurechtfinden. Zunächst bereitet ihr das einige Mühe, denn anfangs paßt sie weder durch die Türen, noch gelingt es ihr, diese mit dem auf einem Glastisch liegenden goldenen Schlüsselchen zu öffnen. Nachdem sie sich halbwegs an ihre neue Umgebung gewöhnt und sich orientiert hat, entdeckt sie sehr bald ein Fläschchen, dessen Aufschrift sie ermunternd auffordert: *Trink mich*. Als sie davon nimmt, muß sie voller Verblüffung feststellen, daß sie schrumpft, ihr Körper sich *wie ein Fernrohr* zusammenschiebt. Da sie nun ohne Mühe durch die verschlossenen Türen passen würde, macht sie sich auch gleich auf. Doch zu ihrem Entsetzen muß sie erkennen, daß sie nun zwar durch die Türen käme, sie aber so klein geworden ist, daß sie den Schlüssel auf dem Tisch nicht mehr erreichen kann.

Dieses Spiel der Vergrößerung und Verkleinerung wiederholt sich noch öfter. Als sie besonders klein ist, droht sie gar in einem Teich aus Tränen zu ertrinken, bis es ihr schließlich gelingt, aus dem Saal zu kommen – oder um genauer zu sein: bis sich der Saal in eine Landschaft mit einem Teich verwandelt, an dessen Ufer sich schließlich Alice und die anderen Tiere treffen, die auch durch den Teich der Tränen schwimmen mußten. Dort ist es jedoch keineswegs weniger gefährlich. Denn nun stellt sich heraus, daß Alice ihre Mitstreiter nicht verstehen kann, sie verhalten sich in ihren Augen höchst sonderbar und für sie gänzlich unerwartet. So diskutieren die Tiere zu Alices Überraschung ganz ernsthaft über die beste Methode, wieder trocken werden zu können. Dieser Disput gehört gewiß zu tiefsinnigsten Dialogen, welche die Nonsense-Literatur je hervorgebracht hat. In seiner pointierten Ernsthaftigkeit bekommt er geradezu den Charakter eines gelehrten Kolloquiums, das in die Erkenntnis mündet, prak-

«Alices Abenteuer im Untergrund». Zeichnung von Lewis Carroll, 1886

tisches Handeln zähle mehr als jede Theorie: «*Man kann es am besten erklären*», sagte der Brachvogel, «*indem man es macht.*»[80]

Dieser Kampf zwischen Praxis und Theorie, Handeln und Sprache taucht im gesamten Buch häufig auf. Immer wieder wird Alice ohne ihr Zutun in Gespräche gezogen, die für sie stets die Frage aufwerfen, wer sie nun eigentlich sei. So verlaufen viele Begegnungen genauso wie jenes Zusammentreffen mit der Raupe aus dem fünften Kapitel. Nachdem diese und Alice sich mißtrauisch gemustert haben, fragt das Tier schließlich: «*Wer bist denn du?*» Wenig motiviert läßt sich Alice auf eine Unterhaltung ein, nicht ohne zu zögern und zu zweifeln: *Alice erwiderte recht zaghaft: «Ich – ich weiß es selbst kaum, nach alledem – das heißt, wer ich war, heute früh beim Aufstehen, das weiß ich schon, aber ich muß seither wohl mehrere Male vertauscht worden sein.» – «Wie meinst du das?» fragte die Raupe streng. «Erkläre dich!» – «Ich fürchte, ich kann mich nicht erklären*», sagte Alice, «*denn ich bin gar nicht ich, sehen Sie.» – «Ich sehe es nicht*», sagte die Raupe. «*Leider kann ich es nicht besser ausdrücken*», antwortete Alice sehr höflich, «*denn erstens begreife ich es selbst nicht; und außerdem ist es sehr verwirrend, an einem Tag so viele verschiedene Größen zu haben.*»[81] Was sich hier noch als oft grüblerische, zuweilen pedantische Diskussion um die Wirklichkeit ausnimmt, erscheint an anderen Stellen als bedrohliche Konfrontation mit Wesen, denen offenbar nicht auszuweichen ist, wie der Herzkönigin im zweiten Teil des Buches, die voller Willkür alles, was sich ihr auch nur im geringsten widersetzt, mit der stereotypen Drohung in die Schranken weist: *Kopf ab mit ihnen!*

Bis Alice am Schluß wieder in der langweiligen Welt der Realität aufwacht, vollziehen sich noch viele solche unerwartete Wendungen und Sprünge, die sie jedoch alle meistern kann. Abgesehen von der Königin, mit der sie noch Croquet spielen muß, trifft sie außerdem auf die falsche Suppenschildkröte und den Greif, mit denen sie über Erziehung und Schule diskutiert, die Raupe und den Schnapphasen sowie immer wieder auf das weiße Kaninchen, dem sie schon eingangs gefolgt war. Ganz einschneidend ist schließlich das Zusammentreffen mit der Katze, die sich auf wundersame Weise ins Nichts auflöst und genauso wundersam auch wieder aus ihm auftaucht.

Neben den paradox verlaufenden Begegnungen mit Tieren und Spielkartenmenschen rücken die Sprache und die Wörter in den Mittelpunkt des Buchs. Die Dialoge, das Hinterfragen der Bedeutungen und schließlich die Moral, welche Maus, Schildkröte und Königin häufig formulieren, werden zum Gegenstand der Untersuchung. Bei den vielen Dialogen des Buchs, in denen die Figuren aneinander vorbeizureden scheinen, verselbständigt sich der Sinn, und es wird zumindest aus der Sicht von Alice immer unklarer, worum es eigentlich geht. Ihre alten Verstehensstrukturen gelten nicht mehr. Besonders deutlich wird dies in dem Gespräch, das die Suppenschildkröte und der Greif mit ihr führen. Aus einer harmlosen

Geschichte entwickelt sich schließlich eine unüberschaubare Diskussion um das «Verstehen». Wer weiß schon, warum ein Weißfisch «Weißfisch» heiße, bemerkt der Greif, um anschließend das Rätsel selbst zu lösen: *«Weil er so viel weiß. Zum Beispiel weiß er, wie man die Koralle dirigiert», sagte der Greif feierlich. Alice wußte nicht mehr, wo ihr der Kopf stand. «Die Koralle dirigiert!» sagte sie voller Staunen. «Na ja, bei einem Konzert», sagte der Greif ([…]) «Im Meer macht einer den Chor für alle. Das ist die Koralle. Jetzt weißt du's.»*[82] Dieses sprachliche Verwirrspiel spitzt sich soweit zu, bis es schließlich in die Frage mündet, ob das «Gesagte» auch das «Gemeinte» ist. *«[…] und wenn zu mir ein Fisch käme und sagte, er wolle auf Reisen gehen, dann wäre meine erste Frage: ‹Mit welcher Zwecke?›» – «‹Mit welchem Zweck›, meinst du sicher», sagte Alice. «Ich meine, was ich sage», erwiderte die falsche Schildkröte beleidigt.*[83] Doch für Alice geht es nicht nur um eine rein sprachliche Verwirrung: Je mehr die Kommunikation an Bedeutung gewinnt, Sprache bald das einzige zu sein scheint, was sie aus ihrer Welt außerhalb des Wunderlandes mitgebracht hat, woran sie sich aber nicht mehr ausrichten kann, gerät auch ihr Selbstbild ins Wanken. Deutlich erlebt sie den Kontrast zur Welt außen, *weil ich da noch jemand anderer war.*

Diese unterschiedlichen Ebenen und Dimensionen – die Sprache, der Nonsense und die Rätsel, die Identitätskrise und das Selbstbild, schließlich das Verhältnis von Wirklichkeit und Phantasie –, all das hat seit Erscheinen des Buches eine Fülle von Interpretationen ausgelöst. Die Erzählung wird als reine Nonsense-Geschichte für Kinder verstanden und dabei häufig auch verkitscht, als sprachphilosophisches Verwirrspiel gesehen oder als Verarbeitung von Dodgsons/Carrolls eigener gespaltener Realität begriffen. Vermutlich findet sich von allem etwas in *Alice im Wunderland.*

«Alice im Wunderland» und die viktorianische Literatur

Die Entstehungsgeschichte von *Alice im Wunderland* verweist bereits darauf, daß vieles der Phantasie und dem Unbewußten von Lewis Carroll entsprungen ist. Die Geschichte liest sich auch heute noch eher wie ein Traum, sie ist assoziativ, reiht ein Element an das andere, ohne daß ein durchgehender Erzählstrang intendiert wäre. Vielmehr entspricht es Carrolls Vorgehensweise, sofort all jene Assoziationen zu notieren, die ihm beim Schreiben kamen. Auf diese Weise hat er den Text mehrfach variiert und ergänzt. *Um anzufangen, schickte ich meine Heldin in den Kaninchenbau, ohne die leiseste Ahnung, was danach passieren würde ([…]). Beim Aufschreiben fügte ich immer neue Ideen hinzu, die aus sich selbst erwuchsen und auf dem ursprünglichen Text aufbauten; und viele andere kamen hinzu, als ich den Text Jahre später noch einmal für die Veröffentlichung überarbeitete.*[84]

Diese Anmerkungen Carrolls zur Entstehungsform des Textes machen schon deutlich, daß man *Alice im Wunderland* und die nachfolgende Erzählung *Alice hinter den Spiegeln* nicht all e i n unter literarischen Gesichtspunkten beurteilen kann, wiewohl Lewis Carroll sicherlich seine literarischen Vorbilder hatte. Indem er sich von sprachlichen wie inhaltlichen Assoziationsketten treiben ließ, treten demgegenüber poetische und ästhetische Konstruktionen zurück, die in den sogenannten Kunstmärchen des 19. Jahrhunderts – von Dickens, über Thackeray und MacDonald bis Oscar Wilde, von der deutschen Tradition nicht zu reden – oft bewußt eingesetzt wurden.[85] Eine Zuordnung der Erzählungen Carrolls zu einer spezifischen Gattung würde deshalb krampfhaft und zudem fruchtlos sein, wie Petzold mit Recht betont.[86] Ebenso scheint der Weg wenig erfolgversprechend, für einzelne Passagen die Ursprünge bei Autoren der Weltliteratur suchen zu wollen – von Cervantes bis E. T. A. Hoffmann. Außer gelegentlichen Hinweisen auf Emily Brontë, Edgar Allan Poe und die deutsche Romantik[87] und einigen Übereinstimmungen in Sprache und Stil mit diesen Autoren gibt es darüber hinaus wenig konkrete Belege.

Dennoch kann man das Werk nicht losgelöst von der literarischen Tradition betrachten. Auch wenn Carroll nirgends direkt auf einen Text seiner Zeit Bezug nimmt, war er ein guter Kenner der viktorianischen Literatur. Deshalb ist davon auszugehen, daß sie zumindest implizit einen Einfluß ausgeübt hat. Dies läßt sich nicht nur an seiner Bibliothek erkennen, die relativ genau dokumentiert ist[88], sondern auch an den Parodien, die in den Text eingebaut sind. Carroll hat zwar gelegentlich im Tagebuch ihre Herkunft offengelegt, sie ansonsten aber meist so stark verschlüsselt, daß sie zum Teil erst jetzt durch akribische literaturwissenschaftliche Detailarbeit aufgedeckt werden. Vieles dürfte noch immer im verborgenen liegen und der Entdeckung harren.

Die englische Literatur unterliegt im 19. Jahrhundert einem relativ starken Wandel. Zwar haben die Dichter der Romantik vom Ende des 18. bis in die dreißiger Jahre des 19. Jahrhunderts – anders als etwa in Deutschland – keinen einheitlichen Stil entwickelt, dennoch kann man in der Dichtung von Schriftstellern wie John Keats, Samuel Taylor Coleridge oder William Wordsworth, aber auch Mary Wollstonecraft Shelley und Lord Byron Merkmale finden, die man später mit dem Etikett «Romantik» belegt hat: vorherrschende Naturbetrachtung, Innerlichkeit, Betonung des Gefühls u. ä. Obwohl wichtige andere Autorinnen und Autoren dieser Zeit, wie etwa Jane Austen, sich dieser Richtung nicht zuordnen lassen, prägte die englische Romantik doch die Literatur des beginnenden 19. Jahrhunderts. In England, dem Land, in dem die Industrialisierung in Europa am schnellsten vorangeschritten war, zeigten sich die sozialen Auswirkungen auch am deutlichsten. Die elenden Arbeits- und Lebensbedingungen im Frühkapitalismus und die nach wie vor vorhandene Armut prägten das Bild der rasch wachsenden Industriestädte und standen im schroffen Gegensatz zum Wohlstand eines Teils des Bürgertums und der Oberschichten. Dieser soziale Hintergrund mußte auch die Literatur beeinflussen. Zwar bleibt nach wie vor die Auseinandersetzung mit der Natur als wichtige Frage bestehen, doch rückt bei der «zweiten Generation» der Romantiker stärker die Frage nach den «Kosten der Modernisierung» in den Vordergrund.[89]

Bis in die dreißiger Jahre verändert sich deshalb die literarische Landschaft Englands entscheidend. Einerseits setzen sich Schriftsteller – allen voran Charles Dickens oder auch seine Kritiker und Bewunderer William Thackeray und George Eliot – intensiver und im Sinne des Realismus auch erkennbarer mit der sozialen Wirklichkeit auseinander, andererseits beschäftigen sich andere mit unterschiedlichen Aspekten von Entfremdungsprozessen der Moderne. Zu ihnen gehören ebenso Autoren, die sich etwa in der «Gothic novel» und im Schauerroman den fließenden Grenzen zwischen Realität und Phantasie aussetzen, wie jene, die sich den gesellschaftlichen Zwängen ihrer Zeit stellen, wie sie beispielsweise in den Konventionen oder der Sprache zum Ausdruck kommen. Das führt sowohl zu neuen Formen der Satire (Byron, Wordsworth u. a.), zur Zunahme von Nonsense-Literatur, welche die Sprachnormen in Frage stellt, als auch zu einer Gattung von Literatur, die sich – an Keats, Shelley oder Byron anknüpfend – verstärkt mit der unterdrückten Körperlichkeit und Sinnlichkeit auseinandersetzt (Dante Gabriel Rossetti, William Holman Hunt, George Eliot u. a.). Gemeinsam ist diesen Tendenzen der Versuch, mit künstlerischen Mitteln die Entfremdung zu thematisieren.[90] Im Verein mit den gleichsam «klassischen» Elementen der romantischen Literatur (Naturbetrachtung, Innerlichkeit und Idylle) machen diese neuen Dimensionen den Charakter der frühen viktorianischen Literatur um die Mitte des 19. Jahrhunderts aus. Neben den veränderten Bedingungen des Buchmarktes trägt sicherlich ihre größere Nähe zur Realität zur Popularisierung von Literatur in Europa, besonders aber in England bei.[91]

Wenn man sein ganz eigenständiges Werk überhaupt einordnen will, dann steht Lewis Carrolls Opus noch am ehesten in der Tradition der Nonsense-Literatur. So sehr diese Art von Literatur sich auch außerhalb der Realität zu bewegen scheint, reagiert sie doch mit ihren Gegenwelten auf die herrschende viktorianische Gesellschaft, ihren Rationalismus und ihre normative Enge.[92] Besonders in England hatte sich bereits seit Beginn des Jahrhunderts eine literarische Gattung entwickelt, welche sich zwischen Parodie, Satire und Unsinn bewegte.[93] Ihr wichtigster Vertreter war Edward Lear, zwanzig Jahre älter als Carroll. Er wurde vor allem durch seine grotesken Limericks bekannt, die häufig Kinderspiele und Abzählverse anklingen lassen, aber im Kern die belehrende viktorianische Kinderliteratur lächerlich machen. Unabhängig davon, wieviel Carroll tatsächlich von Lear übernommen oder ob er ihn sogar persönlich gekannt hat, was in der Literatur umstritten ist, gab es eine Tradition, an die der Autor von *Alice im Wunderland* auch dann anknüpfen konnte, wenn er Geschichten aus dem Stegreif erfand. Die Form mußte nicht erst durchgesetzt werden. Dennoch lassen Lears kurze Gedichte erkennen, daß sie bewußt durchkomponiert sind und poetischen Prinzipien Rechnung tragen, während Carroll stärker auf seine «freien» Assoziationen baut.[94]

Aber nicht nur auf die Tradition der Nonsense-Literatur konnte sich Carroll bei seinen Erzählungen stützen, auch die Momente der Traumkonstruktion, die unklaren Grenzen zwischen Träumen und Wachen, waren vor ihm bereits öfter aufgegriffen worden. Volker Klotz weist in seiner Studie über Kunstmärchen darauf hin, daß sowohl Dickens als auch Thackeray ihre Leser in eine künstliche und zeitlose Welt versetzten, in die sie vor allem bei Dickens durch den Traum gelangten.[95] Der Traum ist erst die Voraussetzung für die Märchenwelt, in welche die Protagonisten hinabsteigen. Besonders von Dickens war Carroll immer wieder fasziniert, ja manche von Dickens' Figuren scheinen sogar in den Alice-Büchern wiederaufzutauchen. So könnte man etwa Züge von Mrs. Gummidge aus «David Copperfield» in einigen Tieren am Teich der Tränen wiedererkennen.[96] Die Werke von Dickens haben Carroll bereits seit seiner frühen Jugend beschäftigt, schon aus Rugby schreibt er begeistert an seine Eltern über «David Copperfield». Etwas später hat er auch «Nicholas Nickleby» und im Laufe seines Lebens viele andere Bücher des bekannten englischen Schriftstellers gelesen.

Wiewohl Carroll sicher kein literarischer Neuerer sein wollte, hat er sich doch an den modernen Strömungen der viktorianischen Literatur orientiert und nur zu einem Teil an die frühe romantische Dichtung Englands – hier vor allem die Naturbetrachtung und den Animismus – angeknüpft. Er hat sich bei seinem schriftstellerischen Schaffen immer wieder auf Autoren wie Tennyson, MacDonald oder Thackeray bezogen, die bei allen Differenzen doch eines gemeinsam haben: ihre Opposition zur herrschenden Kultur, der mit ihr verbundenen Rationalität und ihrem Normensystem. Ihre Kritik verbirgt sich häufig in Bildern, Symbolen und Allegorien und schafft so eine Ersatzwelt zwischen Schönheit und Kitsch. Hierzu gehört auch die einflußreiche Maler- und Dichtergruppe der Präraffaeliten, dessen wichtigsten Repräsentanten, Dante Gabriel Rossetti, Carroll persönlich gekannt hat. Das was Dickens in seiner Sozialkritik an Wirklichkeitsnähe erreichte, versuchte Rossetti hauptsächlich in verklärten, schönen Bildern zu fassen, die oft in die Nähe des Kitschs gerieten. Sie kehrten sich von der rauhen Wirklichkeit ab und

Alfred Lord Tennyson. Foto von Lewis Carroll, 1857

entwarfen eine ästhetische Gegenwelt zum viktorianischen Alltag. Wichtig ist in unserem Zusammenhang jedoch, daß bei Rossetti ebenso jenes Bemühen zu beobachten ist, den poetischen Text und das gemalte Bild miteinander zu verbinden, wie auch bei Carroll, dem es schließlich um das Verhältnis von Text, Zeichnung und Fotografie ging.

Die vorsichtige Abkehr von der sozialen Wirklichkeit und die Flucht in eine Welt mit gänzlich anderen Regeln bestimmt auch das Werk von Lewis Carroll – und hier in erster Linie sein Hauptwerk *Alice im Wunderland*. Doch die beiden Alice-Erzählungen sind nicht nur eine Flucht aus der gesellschaftlichen Realität, sondern stellen auch eine Abkehr von literarischen Konventionen dar, die teilweise verkappt ironisiert und

William Makepeace Thackeray. Foto von Lewis Carroll, 1863

parodiert werden. Da es satirisch, parodistisch und überzeichnend die Unsinnigkeit der viktorianischen Realität beschreibt, kann man das kleine Buch auch als Sozialkritik begreifen: Kritik an einer Gesellschaft, welche die Form, die äußeren Normen und Konventionen betont und die Rationalität in den Vordergrund rückt. Wie weit der Druck der Vergesellschaftung in die psychischen Dispositionen hineinreicht, das kann der schüchterne und stotternde Charles L. Dodgson sehr genau ermessen.

Die Hintergründe des Wunderlands

Auf den ersten Blick betrachtet erscheint Carrolls berühmte Erzählung als Versuch eines kleinen Mädchens, sich in einer ihr vollkommen fremden, unvertrauten Welt zurechtzufinden. Carroll schildert die Mühen, die es dabei hat, wie es vieles erst nach einiger Zeit versteht und anderes ihm gar bis zum Schluß ganz unverständlich bleibt. Denn bis zum Ende des Buchs stehen sich die Welt des Wunderlands und jene des kleinen Mädchens fast unversöhnlich gegenüber. Es macht den Reiz der Carrollschen Phantastik aus, daß dennoch nicht deutlich wird, was wirklich ist und was Traum sein könnte. Manche Interpreten haben deshalb besonders den ersten Teil der Geschichte als Initiation [97] beschrieben, als Einführung von Alice in die Welt der Erwachsenen. Doch anders als viele Kindererzählungen ist es nicht sie, die sich tumb anstellt, die ungeschickt ist oder die «Fehler» macht, vielmehr verhalten sich die Figuren, denen Alice begegnet, höchst sonderbar. In jedem Fall bleibt der Konflikt zwischen den beiden Welten unentschieden und vermittelt nicht ausschließlich die Moral der Erwachsenen. Vielmehr scheint es gerade so, als sei die Kinderwelt sehr viel überschaubarer und «logischer», ganz so wie sie aus kindlicher Sicht wirken würde. [98]

«Alice im Wunderland». Zeichnung von John Tenniel, 1866

Besonders deutlich wird dies an der Geschichte der Falschen Schildkröte, die an einer markanten Stelle erscheint: im Übergang von den Abschnitten, in denen es Alice ausschließlich mit Tieren zu tun hat, zu den Schlußabschnitten, in denen mit den Spielkarten die Figuren stärker menschliche Züge erhalten, bevor Alice schließlich wieder in der Realität der Oberwelt auftaucht. Hier findet sich das oben bereits erwähnte Gespräch zwischen Alice, der Falschen Suppenschildkröte und dem Greif. Nachdem sie sich kennengelernt haben, tauschen sich die drei über ihre Schulerfahrungen aus. Alice ist fest davon überzeugt, daß sie eine *erstklassige Schule* besucht, in der sie nicht nur die üblichen Fächer hat, sondern auch noch die Wahlfächer *Französisch und Musik*. Doch die Falsche Schildkröte und der Greif versuchen sie mit einem Fächerkanon zu übertrumpfen, den Alice nur mit Verachtung strafen kann: Waschen und Bügeln, auf das die beiden stolz sind, aber zugleich Zweifel hegen, ob sie darin überhaupt Unterricht erteilt bekommen, des weiteren das *Große und das kleine Nabelweh* sowie *Deutsch* mit allen Unterarten wie *Schönschweifen, Rechtspeibung, Hausversatz* usw.[99] Je mehr Alice zu verstehen gibt, wie sonderbar ihr dies alles vorkommt, desto mehr steigert sich die Schildkröte in der Aufzählung kurioser, aber den kindlichen Schulerfahrungen ganz entsprechender Fächer wie *Zusammenquälen, Abmühen, Kahldehnen und Bruchlächeln*[100]. Im Gegensatz zum klassischen Schulkanon bringen diese Nonsense-Fächer die Schule im eigentlichen Sinn auf den Begriff. Sie stellen dar, was jedes Kind tagtäglich in der Schule erlebt. Besonders verlockend an der Schule der Schildkröte und des Greifs dürfte sein, daß der Unterricht sich jeden Tag um eine Stunde verkürzt. Da er am ersten Tag mit zwölf Stunden beginnt, ist absehbar, wann die Schule ganz zu Ende ist. Das kann sogar die skeptische Alice begeistern: «*Einen schönen Stundenplan müßt ihr da gehabt haben!*» rief Alice; «*der wurde ja von Tag zu Tag leerer!*»[101]

Dieser Kanon unsinniger Fächer mit ihren deutlichen alltagspraktischen Seiten ist den Affekten von Kindern sehr nahe. In der Umkehrung entlarvt er das Schulsystem des viktorianischen England, das auf Rationalität, Vernunft und der Vermittlung von kognitivem Wissen aufbaut und sehr strenge moralische Normen zu vermitteln sucht. Deshalb richtet sich Alice letztlich gegen ihre eigene Schule, wenn sie vor den beiden Tieren und deren sonderbarem Fächerkanon ausruft: «*Aber damit konntet ihr doch gar nichts anfangen*»[102], spürt sie doch sehr genau, wie fern und fremd ihr die eigene Schule ist, wie wenig Argumente sie findet, um diese zu verteidigen.

Doch es geht nicht nur um die Schule, gemeint ist vielmehr die viktorianische Gesellschaft.[103] Im Unsinn kann die erlebte Entfremdung zum Ausdruck kommen: in der Sprache, in der Beziehung auf Lebensalter und Gesellschaft und schließlich in der Problematisierung der Identität – sie widersetzen sich ausnahmslos einer alles vereinnahmenden Logik. Was sich zunächst als Gegensatz von Sinn und Unsinn darstellt, erweist sich bei genauerem Hinsehen als Ausbruchsversuch aus der Starre und als Suche nach neuen (eigenen) Orientierungen. Deshalb steht auch im Dialog zwischen Alice, dem Greif und der Falschen Schildkröte die Frage nach dem Verstehen so stark im Vordergrund, denn, so bemerkt Alice, die *Wörter* seien *alle anders herausgekommen*, als sie gemeint waren.[104]

Diese Konfusion setzt sich im Gespräch mit ihren beiden neuen Freunden fort, besonders als Greif und Schildkröte ihr in schulmeisterlicher Manier befehlen, das Gedicht aufzusagen, bei dem sie die Verwirrung der Sprache erlebt hatte. So in die alten Strukturen zurückgeworfen, befolgt sie zwar brav die Befehle, die Wörter kommen ihr aber *äußerst sonderbar aus dem Munde, [...] daß sie kaum wußte, was sie sagte*[105].

Wer so spricht, ist ein Hummer; er sagt ja ganz klar:
«Bin zu dunkel gebacken, muß zuckern mein Haar.»
Wie ein Storch mit den Ohren, schob er mit der Nas
Seinen Gurt etwas höher und die Zehen ins Gras.
Der Strand ist kaum trocken, frohlockt er auch schon
Und spricht von dem Haifisch im keckesten Ton;
Doch kommt dann die Flut mit den Haifischen drin,
Verliert sein Gespräch sowohl Wohlklang wie Sinn.[106]

Dieses Gedicht, das Alice in der vermeintlichen Schulstunde gleichsam zufließt[107], enthält im Kern die Kritik an der Gesellschaft, die sie in der Wirklichkeit umgab. Der Hummer, der Alice schon eine ganze Weile beschäftigt hat, vereinigt als Subjekt des Gedichts in sich die widersprüchlichen Erlebensweisen von Kindern im viktorianischen Zeitalter: Auf der einen Seite von außen geformt, aber nicht ganz dem Ideal entsprechend *(zu dunkel gebacken)*, versucht er selbst sich zu entwickeln und darzustellen *(zuckern mein Haar)*. Seine Möglichkeiten sind dabei aber begrenzt – erkennbar im vergeblichen Vergleich mit dem Storch. Auf der anderen Seite kann er sich nur am Strand richtig entfalten, ein wenig abseits – aber noch im Einflußbereich – der gesellschaftlichen Normen. Diese kommen dann unweigerlich mit dem Gezeitenwechsel auf ihn zu. Die Haifische, denen die Flut wieder den Zugriff auf den Strand ermöglicht, lassen ihn verstummen. Seine Versuche, mit kecker Sprache etwas Eigenes zu finden, werden unterdrückt, sie verlieren *Wohlklang und Sinn*. So bewegt sich der Hummer, der auch den Namen für den geregelten/regellosen Tanz der Hummer-Quadrille hergibt, zwischen gesellschaftlichem Druck und Anpassung auf der einen Seite und auf der anderen den Ausbruchsversuchen sowie der scheinbaren Gewißheit, für einige Stunden (aber das immer wieder) sich seines Raumes (Strand) sicher sein zu können.

Diese Ambivalenz und Verwirrung der Erfahrungsbereiche erlebt

Alice bei ihrem Abenteuer stets aufs neue. Wie der Hummer erfährt auch sie die Macht der gesellschaftlichen Normen und den Zwang, sich anzupassen. Vieles dabei scheint ihr höchst sonderbar, unverständlich und gelegentlich auch äußerst bedrohlich. Ob es sich nun um das weiße Kaninchen, die Falsche Suppenschildkröte, um andere Tiere oder die Kartenkönigin handelt, sie alle vermitteln – ähnlich wie die Erwachsenenwelt außerhalb – Normen, von denen sie genaueste Vorstellungen zu haben scheinen, die aber Alice nur selten nachvollziehen kann. Hinter den Tiergestalten verbergen sich so Parodien auf die Erwachsenen. Der für das 19. Jahrhundert typische Animismus ist nur das Mittel.[108] Gleichzeitig stellt das Wunderland jedoch auch jene Welt dar, in der Alice eigene Schritte unternehmen, sich frei und scheinbar selbständig bewegen kann, in der sie neugierig sein darf und immer auch etwas Neues entdecken kann.

Aus dieser Widersprüchlichkeit und Ambivalenz heraus gerät Alice in einen Konflikt, den sie letztlich nicht lösen kann und der von vielen Interpreten zu Recht als Identitätskrise verstanden wird: Alice schwankt zwischen den Normen und Anforderungen ihrer Umgebung und den eigenen Wünschen. Sie kann nicht mehr genau unterscheiden, welche Vorstellungen ihre eigenen sind und welche von außen an sie herangetragen werden. Hinter der bangen Frage – *Wer bin ich* – steckt die Erfahrung einer flüchtigen Welt, in der die Dimensionen nicht mehr stimmen. Nicht nur scheinen die Worte stets ihre Bedeutung zu verändern, was eine wirkliche Verständigung unmöglich macht, zugleich verschwimmen fortlaufend die Altersgrenzen, schließlich erweisen sich auch ihre körperlichen Dimensionen immer wieder als fraglich, denn sie wächst und schrumpft im Laufe ihres Abenteuers unter der Erde mehrfach. Beide Momente zentrieren sich im Körper und in der Sprache.[109]

Körper und Identität

Nachdem Alice in den Schacht gefallen war, fand sie sich in einem großen Saal mit Türen wieder. Erst nach vielen vergeblichen Versuchen gelingt es ihr, mit Hilfe des Zaubertranks sich so zu verkleinern, daß sie durch die Türen paßt. Da sie dadurch aber nicht mehr höher gelegene Gegenstände erreichen kann, kommt sie erst weiter, nachdem sie als «Gegenmittel» einen Kuchen entdeckt hat, der sie wieder wachsen läßt. Von da an bestimmt diese Möglichkeit des Wachsens und Schrumpfens Alices Wanderung durch das Land der Wunder und das in einer so bemerkenswerten Weise, daß sich ein näherer Blick darauf lohnt.

Das Motiv der Verwandlung findet sich durchaus nicht selten in der phantastischen Literatur und ihren Grenzgebieten. Dazu ließe sich das häufige Auftreten der Doppelgänger seit dem 18. Jahrhundert[110] ebenso zählen wie die Metamorphosen, die James Barries' Peter Pan durchmacht. Von der Struktur her ähnlich sind auch die Probleme mit der Körpergröße, die Swifts Gulliver auf seinen Reisen zum Land der Riesen und der Zwerge erfährt. Während es jedoch bei Swift deutlich um das Thema der Wechselbeziehung zum Fremden geht, bleibt dies bei Carrolls *Alice* auf der Ebene des Ich beschränkt. Darüber hinaus unterscheidet Alice noch ein weiterer Aspekt von den anderen bekannten Wandlungsprozessen: Nachdem sie die Wirkung von Essen und Trinken entdeckt hat, verändert sie ihre Größe schließlich selbst, weder scheint sie von fremden Mächten beeinflußt, noch wandelt sich ihre Gestalt bis zur Unkenntlichkeit. Entscheidend ist jedoch, daß sich Alices Veränderungen immer durch flüssige oder feste Nahrungsmittel vollziehen. Auf sie scheint Alice, *die sich für alles interessierte, was Essen und Trinken anging*[111], überhaupt besonders neugierig zu sein. Lebensmittel spielen in *Alice im Wunderland* immer dann eine besondere Rolle, wenn sich etwas verändert, das mit dem Körper zu tun hat. In der ersten Phase von Alices Reise sind die Verhältnisse noch recht eindeutig: Da trägt das Trinken zur Verkleinerung ihres Körpers bei, während sie nach dem Genuß des Kuchens wächst. In der zweiten Hälfte des Buches sind die Dinge allerdings nicht mehr so eindeutig, Alice muß vielmehr jeweils genau überlegen, welche Auswirkungen die Nahrungsmittel haben, die sie zu sich nimmt. Sie hat jetzt keinen Trank mehr zur Verfügung, sondern nur zwei Stücke Pilz, von denen das eine in der linken Hand sie wachsen, das andere in der rechten Hand dagegen schrumpfen läßt. Die feste Nahrung ermöglicht es ihr, selbst über ihre Größe zu entscheiden und damit ihre Stellung zu den Personen ihrer Umgebung zu definieren.

Die überragende Rolle der Oralität in der Geschichte von *Alice im Wunderland* – wie im übrigen auch im *Snark* und in *Sylvie & Bruno* – weist den Weg für eine Interpretation der wichtigsten Figur Carrolls. Denn begreift man Alice als Mädchen unbestimmten Alters im Übergang von Kindheit und Jugend zum Erwachsenenalter, dann kann die Bedeutung von Oralität Aufschlüsse über den Konflikt liefern, in dem sich Alice befindet. Sie strebt einerseits danach, ihre Angelegenheiten im Sinne der Erwachsenen selbst in die Hand zu nehmen, also selbst zu entscheiden, welchen Pilz aus welcher Hand sie essen wird. Andererseits greift sie mit den oralen Symbolen auch auf frühere Erfahrungen ihrer Sozialisation zurück, vertraut eher auf das Orale ihrer Kindheit. Deshalb ist es kein Zufall, daß sie anfangs ausschließlich durch feste Nahrungsmittel wächst, während sie flüssige (die frühe Muttermilch) eher klein bleiben oder werden lassen.[112] Im weiteren Verlauf der Erzählung reicht dagegen feste Nahrung aus, um die gewünschten Veränderungen zu erreichen. Psychoanalytisch orientierte Interpreten[113] haben zu Recht die Bedeutung dieses Motivs bei Carroll betont. Angesichts der unsicheren und nicht nach-

«Alice im
Wunderland».
Illustration von
Albert Schindehütte,
1993

vollziehbaren Welt, in die Alice geraten ist, verschafft sie sich durch Ver-
trautes größere Sicherheit, indem sie auf die orale Phase regrediert. Mit
Hilfe des Essens erhalten die Dinge erst ihren Sinn, kann sich das Mädchen
zu ihrer Umwelt in Beziehung setzen. Versteht man die Erzählung als
Suche nach Identität, dann wäre Alices Reise durch das Wunderland auch
als ihr Versuch zu begreifen, erwachsen zu werden und Orientierungen
zu finden. Der Wandel von der flüssigen zur selbständig eingenommenen
festen Nahrung symbolisiert dann diesen Prozeß. Der Übergang bleibt
aber unsicher. Noch bis zum Ende des Buchs verändert Alice ihre Gestalt:
Indem sie zwischenzeitlich wieder klein wird, bleibt der Weg unentschieden und offen. Es ist nicht eindeutig, ob sie wirklich erwachsen wird.[114] Sie
betrachtet ihren Körper, der seine Größe stetig verändert, als etwas Frem-
des, außerhalb von ihr Stehendes, das sie aus der Distanz anschauen kann.
Der lange Hals, die weit entfernten Füße oder die Schultern erscheinen
aus den verschiedenen Perspektiven wie Dinge, die nicht zu ihr gehören.
Man kann den Schluß der Erzählung, in dem Alice sich ausmalt, wie sie

eines Tages auch erwachsen wäre und sich wohl auch in reiferen Jahren das einfältige liebevolle Herz ihrer Kindheit bewahrt hätte[115], auch als Distanz gegenüber dem Erwachsenenalter begreifen, als Wunsch, sich genau diese Kindheit zu erhalten. Eine Lebensphase voller Unschuld, in der die Verführungen der Erwachsenen zwar spürbar sind, aber noch selbst gemeistert, jedenfalls heil überstanden werden können. Die hintergründige Suche nach diesem Weg in die widrige Erwachsenenwelt mag aber einer der wichtigsten Gründe für den Erfolg des Buches bis heute sein. Die Selbständigkeit von Alice aber steht in auffälligem Kontrast zu Lewis Carrolls eigener Kindheitserfahrung, auch zu seinen Phantasien gegenüber jungen Mädchen, die er im Erwachsenenalter entwickelt hat.[116]

Bei aller nostalgischen Verklärung von Kindheit in *Alice im Wunderland* steht jedoch Alices Zweifel an ihrer Identität im Vordergrund. Ob es die Auseinandersetzung mit den verschiedenen Tieren ist, denen sie begegnet, oder die Begegnung mit der Herzogin, dem König und der Königin: überall trifft sie auf Mißverständnisse, sucht sie nach Sinn. Sie erlebt immer wieder, daß sie aufgrund ihrer Körperproportionen für jemand ganz anderes gehalten wird. So meint beispielsweise die Taube hartnäckig, in Alice eine Schlange vor sich zu haben und akzeptiert zur Verzweiflung des Mädchens auch alle gegenteiligen Beteuerungen nicht. Alice gerät hierdurch vollkommen in Verwirrung, die sich erst löst, als sie wieder etwas von dem Pilz ißt und ihre normale Größe zurückerhält. *Es ist schon lange her, daß sie auch nur annähernd ihre rechte Gestalt gehabt hatte, daß sie sich zuerst ganz fremd vorkam. [...] Wie man durcheinanderkommt, mit diesen ganzen Veränderungen! Man weiß ja nie, wozu man im nächsten Moment werden wird!*[117] Zwar gewöhnt sie sich jeweils an ihre neuen Maße, doch das ist nicht von langer Dauer, denn es tauchen immer wieder Hindernisse auf, weshalb sie wieder eine andere Körpergröße annehmen muß. Das stürzt sie jedoch erneut in eine Identitätskrise, denn sie kann sich nie sicher sein, wie sie mit der jeweiligen Körpergröße auf andere wirkt. Diese Ambivalenz offenbart ihren zentralen Konflikt zwischen dem Wunsch, an der unschuldigen Kindheit festzuhalten, und dem Bestreben, erwachsen zu werden. Denn so verführerisch das Erwachsenenleben auch scheinen mag, so ist damit eine Selbständigkeit verbunden, die ihr angst macht.

Überall dort, wo sie auf andere trifft, die sie nicht versteht, erlebt sie bald aggressive Reaktionen. Die in ihrer unsinnigen Regelhaftigkeit deutlich die viktorianische Erwachsenenwelt symbolisierende Gesellschaft der Spielkarten zum Beispiel wird bestimmt von der Macht der Königin. Bei jeder kleinsten Abweichung befiehlt sie, die betreffenden «Übeltäter» zu köpfen. Die Tiere am Teich, der Schnapphase oder die Schildkröte, reagieren auf Mißverständnisse ebenfalls äußerst aggressiv und bedrohlich. Diese Angst und Unsicherheit zieht sich durch die ganze

Erzählung. Auch der so niedliche Hund könnte bei genauerer Betrachtung *leicht hungrig sein, [...] denn dann fraß er sie sehr wahrscheinlich auf, auch wenn sie noch so nett mit ihm spielte*[118]. An dieser Episode kann sich besonders deutlich zeigen, wie schwankend der Boden ist, auf dem Alice steht. Denn hinter ihrer oralen Sicherheit, ihrem Bestreben, sich die Welt mit dem Mund zu erobern, verbirgt sich auch die Angst vor dem Gefressenwerden – ein zentrales Moment ihrer Ambivalenz. So steht die äußere Welt der Erwachsenen als eine Welt voller Unsicherheit und Aggressivität, in der das Gefressenwerden droht, auf der einen Seite. Wie das Beispiel ihrer Katze zeigt, auf die sie so stolz ist, weil sie Mäuse und Vögel fängt, kreisen ihre Phantasien oft um dieses Thema. Hinter den Normen, welche zum Beispiel die Schildkröte und der Greif aufstellen oder die Königin mit ihren Strafdrohungen zum Ausdruck bringt, verbirgt sich auch die Angst vor der Zurichtung im Sinne der Erwachsenenwelt, der sich Alice ständig konfrontiert sieht. Nicht zufällig beschreibt Carroll immer wieder die Erziehungsversuche seiner Figuren (der Schildkröte, der Herzogin usw.). Auf der anderen Seite der Ambivalenz stehen Alices Bemühungen, sich der Welt oral zu nähern. Das Essen ermöglicht neue Erkenntnisse, führt sie zu neuem Wissen oder kurz: zur Sprache.[119]

Traum und Sprache

«Es ist doch schrecklich», murmelt sie vor sich hin, *«wie einem die Wesen hier das Wort im Munde herumdrehen. Man kann ja verrückt dabei werden!»*[120] Das Wort, die Sprache selbst, steht im Mittelpunkt von *Alice im Wunderland* und aller anderen literarischen Werke von Lewis Carroll. Über sie vermittelt sich die Welt der Tiere und der Spielkarten, und an ihr zeigen sich die Mißverständnisse und Fehldeutungen. Die Worte verlieren ihre Bedeutung, das Bezeichnete löst sich von der Bezeichnung, ja die Wörter selbst scheinen zu zerfallen. Besonders in den berühmten Gedichten und Versen wie *Jabberwocky*, die in die Erzählungen eingestreut sind, oder in den Rätseln und Logeleien treten die Reime und Lautmalereien in den Vordergrund. Ähnlich wie bei dem bereits erwähnten Gedicht, dessen Buchstaben der Zeilenanfänge die Namen der drei Liddell-Schwestern ergaben, scheint es für Lewis Carroll oftmals kein anderes Motiv gegeben zu haben, Gedichte zu schreiben, als mit Lauten, Worten und Bedeutungen spielen zu können. So verliest das Weiße Kaninchen in der ehrwürdigen Gerichtsverhandlung, welcher der Kartenkönig vorsitzt, ein Gedicht, das als Beweis für die Schuld oder auch die Unschuld des Angeklagten gelten soll, dessen unmittelbare Bedeutung jedoch sich dem Leser nicht erschließt:

Er schrieb, du warst bei ihr zu Haus
Und gabst von mir Bericht
Und sprachst: «Mit dem kommt jeder aus,
Nur schwimmen kann er nicht.»
Sie sagten ihm, ich sei noch hier
(ihr wißt ja das trifft zu) –
Wenn sie sich nun drauf kapriziert',
sagt sie, was machst dann du?
Ich gab ihr eins, sie gab ihm zwei,
Und ihr gabt uns drei Stück;
Doch all das ist jetzt einerlei,
Du hast sie ja zurück.
[...]
Sie war darauf besonders scharf,
Doch das behalt für dich,
Weil keiner davon wissen darf
Als höchstens du und ich.[121]

Nach den vielen sonderbaren Erfahrungen mutiger geworden, protestiert Alice hier zum ersten Mal laut und fordert eine Erklärung: *Meiner Meinung nach ist darin keine Spur von Sinn.*[122] Doch diese Bemerkung öffnet keineswegs neue kommunikative Möglichkeiten, vielmehr reagiert der König darauf ganz gelassen mit dem Hinweis, man könne sich ja dann wohl *viel Mühe* sparen, wenn man wisse, daß man gar nicht erst nach dem Sinn suchen müsse.

An kaum einer anderen Stelle formuliert Alice so deutlich wie hier, am Ende des Buchs, gegenüber anderen, daß sie deren Aussagen nicht verstehen kann. Bisher war sie auf ihrer Reise zwar immer wieder auf Unverständnis gestoßen, hatte dies aber für sich behalten und war einer Konfrontation dadurch ausgewichen, daß sie auf das vertraute Orale der Getränke, Kuchen und Pilze zurückgriff, die jeweils körperliche Veränderungen hervorriefen. In den paradoxen Dialogen ist sie jedoch ausschließlich auf Sprache angewiesen, die sie aber oftmals nicht versteht. Hier kann sie sich einer Unterhaltung nur stellen oder sich ihr ganz entziehen, indem sie sich der Welt über die Einnahme von Nahrungsmitteln annähert.

Diese Dualität zwischen Sprechen und Essen durchzieht die beiden Alice-Bände und taucht auch in späteren Werken des Autors auf. Gilles Deleuze[123] hat in seiner frühen sprachphilosophischen Untersuchung diese Dualität besonders hervorgehoben: «*Alice* ist die Geschichte einer oralen Regression; doch ‹Regression› muß zunächst im logischen Sinn verstanden werden, im Sinne der Synthese der Namen; und die Homogenitätsform dieser Synthese subsumiert zwei heterogene Serien der Oralität, essen – reden, eßbare Dinge – ausdrückbare Bedeutungen.»[124]

Während für Deleuze die orale Seite des Essens verbunden ist mit der Tiefe des Körpers, die sich in der (sprachlosen) frühen Mutter-Kind-Beziehung bildet, zielt das Reden auf die Oberfläche, auf die Bezeichnung, und entfernt sich so vom Körper. Der Sinn ist immer – durch gesellschaftliche Konvention – vorausgesetzt, «sobald ich zu reden beginne; ohne diese Voraussetzung könnte ich gar nicht beginnen. Mit anderen Worten: Ich sage nie den Sinn dessen, was ich sage. Dagegen kann ich aber immer den Sinn dessen, was ich sage, zum Gegenstand eines anderen Satzes machen, dessen Sinn ich dann wiederum nicht sage.» [125] In dieser Verdoppelung, die zu einer unendlichen Serie führen kann, liegen die Macht der Sprache und die Machtlosigkeit des Sprechenden begründet. Die Begriffe erhalten dadurch ihren Sinn, daß sie entweder im nächsten Satz durch eine paradoxe Verformung (Veränderung der Laute zum Beispiel) oder aber durch den nächsten Satz des Dialogs bezeichnet werden. [126] In unendlicher Reihe erklärt das eine das andere. Folgt man der Analyse von Deleuze, dann liegen hierin Carrolls unendliche Serialisierung und seine scheinbar unzusammenhängenden Wortspiele begründet: Sie suchen nach dem Sinn oder, anders ausgedrückt, nach dem Standort des Sprechers, der sie verwendet, der darum bemüht ist, die Differenz zwischen Sprache und Körper wieder in Einklang zu bringen, um damit die Sprache als eigene für sich in Besitz zu nehmen. [127] Carroll bleibt dabei aber auf der Ebene der Sprache und sucht nicht nach den Passionen des Körpers. Auch wenn Alice häufiger den Begriff *verrückt* benutzt, so geht ihr Interesse nicht weiter als bis zur Oberfläche des Körpers, sie sucht nach dem Sinn des Wortes, nicht danach, die körperlichen Leidenschaften wieder zu wecken. Lediglich die Regression auf die orale Stufe erweist sich als Rest einer Körperlichkeit, welche von der Sprache bereits zerstört scheint. Im Nonsense wird aber mit Hilfe der Sprache die Abwehr der Körperlichkeit in Szene gesetzt und insofern thematisiert, nicht jedoch in Frage gestellt. Carroll spielt mit der Sprache, die ihn fesselt, wehrt damit jedoch zugleich die verschüttete Körperlichkeit ab oder inszeniert sie mit den Mitteln der Parodie und des Nonsense neu. [128]

Die Beschädigungen durch Sprache erweisen sich bei Carroll als ganz zentrale Elemente, die gerade deswegen Identität unmittelbar tangieren. Alice erlebt ein Grundmoment viktorianischer Kindheit: die in der Sozialisation gemachte Erfahrung, daß die Sprache der Kindheit die Dinge nur noch zum Teil bezeichnet, die Bezüge sich unter dem Druck von Erziehung und Sprachformung auflösen. Schließlich scheint nicht mehr eindeutig, wer spricht.

In diesem Sinne richten sich Carrolls Spiele mit Sprache und Lauten, die Sprachrätsel und -puzzles, auf die Strukturen der «normalen semiotischen Prozesse». Indem er sie im Nonsense persifliert, legt er ihre «Künstlichkeit» bloß und thematisiert damit auch die durch sie vermit-

Lewis Carroll

telte gesellschaftliche Normierung – insofern stellen sich die Alice-Bücher auch als verhaltene Gesellschaftskritik dar, welche sich im wesentlichen über die Sprache vermittelt.[129] Diese Kritik wird aber zumindest im ersten Alice-Buch dadurch wieder relativiert, daß die Gegenwelt als Traumwelt erscheint. Alice kehrt in die rationale Welt der Erwachsenen zurück. Dennoch bleibt der Traum im Gegensatz zum Rationalen als Welt, in der sich Wünsche artikulieren, bestehen. Wie schon an der Entstehungsgeschichte von *Alice im Wunderland* sichtbar geworden ist, liegen der Erzählung Einfälle und Assoziationen zugrunde, die der Autor verband. Gewiß sind die Parodien beabsichtigt, aber sie sind nachträglich eingefügt oder ausgebaut, der Kern ist die Eingebung, der Traum und das serielle Schreiben, das die neuen Medien seiner Zeit aufgreift und die Möglichkeiten der technischen Reproduzierbarkeit einbezieht. In gewisser Weise nimmt Carroll damit die Montagetechnik des Films vorweg.[130]

Nur in wenigen Andeutungen hat Carroll seine Arbeitsweise beschrieben. Neben einer sehr knappen Notiz im Tagebuch, wo er davon berichtet, daß er immer einen Bleistift und einen Zettel neben dem Bett liegen habe, um unmittelbar nach dem Aufwachen einen Traum aufschreiben zu können [131], finden sich einige ausführlichere Bemerkungen im Vorwort zu *Sylvie und Bruno*. Dort schildert er die zunächst sprunghafte und willkürliche Sammlung von Einfällen, die er *hier und jetzt* festhalte, um sie nicht *dem Vergessen zu überantworten*.[132] Diese Ideen, *zufällige Gedankenblitze*, wie er selber sagt, kämen gleichsam über ihn, *aus heiterem Himmel gewissermaßen, [...] Exemplare jenes hoffnungslos unlogischen Phänomens einer «Wirkung ohne Ursache»*[133]. Einfälle auf Spaziergängen oder bei der Buchlektüre und Träume bildeten deshalb die Grundlage für seine Bücher. *Und so kam es, daß ich mich zuguterletzt im Besitz einer kolossalen Menge ungeformten Materials [...] befand, die es jetzt nur noch galt, auf das Band einer folgerichtigen Geschichte zu fädeln, um so das Buch zu konstituieren, das ich zu schreiben hoffte.*[134] In dieser Arbeitsweise des Sammelns, Sortierens und Auffädelns liegen ebenfalls die Wurzeln der seriellen Schreibweise Carrolls, die ihm soviel Beachtung bei den vom automatischen Schreiben faszinierten Surrealisten einbrachte und ihn wegen seines Rückgriffs auf den Traum – lange vor Freud – in eine Reihe mit Autoren wie Lautréamont, Mallarmé, Rimbaud und schließlich Breton stellt.[135]

Bemerkenswert zum weiteren Verständnis ist eine Notiz in seinem Tagebuch, nachdem er 1859 Tennyson besucht hatte: *Tennyson erzählte uns, daß er oft, wenn er noch bis kurz zuvor gearbeitet hatte, im Schlaf lange Abschnitte Poesie geträumt habe («Sie, nehme ich an», und wandte sich dabei an mich, «Sie träumen doch sicher Fotografien?»), die er dann sehr mochte, aber nach dem Erwachen wieder ganz vergessen hatte.*[136] Carroll läßt diese Bemerkung seines zur damaligen Zeit berühmten Kollegen unkommentiert. Da er ansonsten vieles von dem, was ihm nicht paßt, schroff zurückweist, deutet der Stolz, mit dem er Tennyson zitiert, immerhin darauf hin, daß ihm die Vorstellung, Bilder zu träumen, nicht ganz fremd ist.

Der Weg in die Weltliteratur

Im Februar 1863 hatte Lewis Carroll das handschriftliche Manuskript von *Alice im Wunderland* abgeschlossen, um das ihn seine Freundin Alice Liddell gebeten hatte. In seiner peniblen kleinen Handschrift waren es 90 Seiten geworden, die zunächst noch zahlreiche leere Stellen aufwiesen. Diese hatte Carroll frei gelassen, um später noch Illustrationen einfügen zu können. Da er sich vorgenommen hatte, sein kleines Werk

selbst zu illustrieren, dauerte es noch einmal fast zwei Jahre, bis er die handschriftliche «Urfassung» von *Alice im Wunderland*, zunächst noch *Alice's Adventures Under Ground* genannt, fertiggestellt hatte und sie schließlich im November 1864 Alice Liddell mit der Widmung übergab: *Ein Weihnachtsgeschenk für ein liebes Kind in Erinnerung an einen Sommertag.*[137] Dies ist die einzige überlieferte Fassung, die von Lewis Carroll selbst gezeichnete Illustrationen enthält. Er hatte zwar gelegentlich davor gemalt und auch später zur Zeichenfeder gegriffen, doch diese Bilder waren nicht für die Öffentlichkeit gedacht. Für die erste Fassung von *Alice* hatte er sich besondere Mühe gegeben und sich beim Dekan Liddell Naturgeschichtsbücher ausgeliehen, um die Tiere seiner Geschichte möglichst exakt darstellen zu können.[138] Doch die Zeichnungen behielten etwas Laienhaftes, was zwar durchaus ihren Reiz ausmacht, ihm selber aber über ein persönliches Geschenk hinaus nicht genügen konnte.

Das Originalmanuskript bewahrte Alice Liddell, die längst erwachsen war und in London lebte, viele Jahre sorgfältig auf. Sie hatte ihren Freund schon seit langem aus den Augen verloren und hieß inzwischen Mrs. Reginald Hargreaves. 1885 bekam sie nach sehr langer Zeit wieder einen Brief aus Oxford in der ihr wohlbekannten Handschrift: *Meine liebe Mrs. Hargreaves*, schrieb ihr Carroll, *ich nehme an, dieser Brief kommt Ihnen vor wie eine Stimme aus dem Jenseits, nach so vielen Jahren des Schweigens – aber diese ganzen Jahre haben nicht bewirkt, daß ich mich nicht mehr an die alten Tage erinnern könnte, an denen wir uns noch schrieben [...] ich erinnere mich noch sehr gut an das Mädchen, das über so viele Jahre meine liebste kleine Freundin war. Ich habe eine Menge Freundinnen seit damals gehabt: aber das war ganz etwas anderes.*[139] Nach dieser Anknüpfung an die Vergangenheit kommt Carroll auf den eigentlichen

Charles Robinson, 1907

A.L. Bowley, 1921

Anlaß seines Briefes zu sprechen: Er bittet Alice Hargreaves um die Erlaubnis, von dem Originalmanuskript eine Faksimile-Ausgabe herstellen zu lassen. Carroll erhielt die Einwilligung sehr schnell. Doch das Buch erschien erst kurz vor Weihnachten des Jahres 1886, weil es noch einigen Ärger mit dem Fotografen bzw. dem Drucker gab. Alice Hargreaves erhielt das Original zurück, das ihr jedoch trotz der beträchtlichen Popularität des Werks nicht so wichtig war, daß sie es nicht noch als Fünfundsiebzigjährige, dreißig Jahre nach Carrolls Tod, zum Verkauf freigab. Ihre Entscheidung provozierte 1928 einigen Wirbel, denn der drohende Verkauf ins Ausland warf die Frage auf, ob das Manuskript als wichtiges Kulturgut England überhaupt verlassen dürfe. Doch die kommerziellen Interessen obsiegten, und so wurde *Alice's Adventures Under Ground* am 3. April 1928 bei Sothebys für die höchste Summe, die bis dahin in England für ein Buch erzielt worden war, versteigert: £ 15 400. Erworben wurde es von einem US-amerikanischen Antiquar, er verkaufte es für fast das Doppelte weiter an den Multimillionär Eldridge Reeves Johnson, den Begründer der Victor Talking Machine Company (dem späteren Medienkonzern RCA-Victor). Nach dessen Tod kam das Manuskript wieder auf den Markt und wurde von einem New Yorker Auktionshaus im April 1946 zum Verkauf angeboten. Nun fanden sich aber auf Initiative von Luther H. Evans, einem Bibliothekar der Library of Congress, einige Bibliophile und Verehrer von Carroll mit dem Ziel zusammen, das Manuskript England zurückzugeben, «als kleines Zeichen der Anerkennung dafür, daß sie [die Engländer] Hitler in Schach gehalten haben, während wir uns erst noch auf den Krieg vorbereiteten», wie Evans sagte.[140] Mit tatkräftiger Unterstützung zahlreicher Persönlichkeiten glückte das Vorhaben: Das Manuskript wurde angekauft und bald darauf in das British Museum gebracht, wo es heute im «Manuscript Room» einzusehen ist.

Gwynedd Hudson, 1922

Willy Pogany, 1929

Unterdessen hatte das Original beträchtlich an Wert gewonnen, denn Lewis Carroll war seit seiner ersten Veröffentlichung erstaunlich populär geworden. Zögernd zwar, aber gleich nach dem Abschluß der Urfassung hatte er das Manuskript seinem Freund George MacDonald zu lesen gegeben und ihn um seine Meinung gebeten. MacDonald, durch seinen phantastischen Roman «Phantasts» (1858) bekannt geworden, und vor allem seine Frau rieten Carroll energisch, das Buch zu veröffentlichen.[141] Doch erst die Fürsprache seines Freundes Duckworth, der ihn auch auf jenem Sommerausflug im Jahre 1862 begleitet hatte, und Henry Kingsleys gaben schließlich den Ausschlag dafür, daß Carroll sich ernsthaft mit der Möglichkeit einer Veröffentlichung auseinandersetzte. Er konsultierte zwar noch zahlreiche andere Freunde und Bekannte, aber im Grunde hatte er sich entschieden. In den Jahren 1863 und 1864 war er intensiv damit beschäftigt, das handschriftliche Manuskript für Alice zu illustrieren, gleichzeitig hatte er aber auch das ursprüngliche Manuskript auf über das Doppelte seines anfänglichen Umfangs erweitert (von 12715 auf 26211 Wörter[142]) und war der Empfehlung Druckworths gefolgt, John Tenniel als Illustrator zu werben.

John Tenniel war durch seine Arbeiten für den «Punch» bekannt geworden und hatte sich einen Namen als Buchillustrator gemacht. Von ihm, der sich an dem französischen Zeichner Grandville orientierte, stammten unter anderem die Illustrationen zu Thomas James' «Æsop's Fables», Martin Tuppers «Proverbial Philosophy» und Richard Barhams «Ingolsby Legends».[143] Nachdem ihn der Dramatiker Tom Taylor eingeführt hatte, besuchte der angehende Autor Lewis Carroll seinen

Philip Gough, um 1940

zukünftigen Zeichner bereits im Januar 1864. *Er war sehr freundlich und scheint dazu bereit zu sein, die Zeichnungen zu übernehmen, doch bevor er sich endgültig entscheidet, muß er das Buch noch sehen.*[144] So schickt er im April 1864 Teile des *Alice*-Manuskripts an Tenniel, der sehr bald zusagt. Jetzt zögert Carroll auch nicht mehr und bietet das Manuskript einem Verleger an. Zunächst hatte er an die angesehene Clarendon Press im heimischen Oxford gedacht, doch bald gelingt es ihm, das Verlagshaus Macmillan zu interessieren, das damals zwar noch recht jung war, jedoch bereits einen guten Ruf genoß. Es war in jener Zeit nicht ungewöhnlich, daß ein junger Autor die gesamten Druckkosten einschließlich der Kosten für die Illustrationen übernahm. Der Verlag verpflichtete sich lediglich, den Vertrieb zu gewährleisten. Dadurch konnte der Autor allerdings sein Werk bis zum Druck maßgeblich beeinflussen. Diesen Weg beschritt auch Lewis Carroll. Doch gerade hierin lagen auch die Tücken, denn der junge Autor hatte sehr genaue Vorstellungen davon, wie das Buch aussehen sollte, und er war äußerst penibel. So waren die Konflikte mit seinem Zeichner beinahe unvermeidlich. Denn dieser lieferte die Illustrationen nach Ansicht des Autors nicht nur viel zu langsam ab – nach über einem halben Jahr lag erst eine einzige vor –, sondern er akzeptierte auch nicht die Vorschläge, die ihm Carroll machte. Als die ersten Entwürfe schließlich fertig waren, gerieten die beiden sehr schnell wieder aneinander. Carroll, der Tenniel eine Fotografie der kleinen Mary Hilton Badcock als Modell für seine Alice geschickt hatte, zeigte sich entsetzt über die Darstellung der Alice. Er warf dem Zeichner vor, sie mit zu großem Kopf und zu kleinen Füßen gezeichnet zu haben und bestand auf der Umsetzung seiner fotografischen Vorlage. Die heftige Kritik trübte das Verhältnis zwischen Zeichner und Autor. Obwohl keine Zeugnisse über die Ansichten Tenniels überliefert sind, scheint dieser schließlich nachgegeben und sich den Vorstellungen Carrolls weitgehend gefügt zu haben.[145] Doch es sollte noch bis Mitte 1865 dauern, bis Tenniel schließlich alle 42 Illustrationen – acht mehr als ursprünglich vereinbart – fertiggestellt hatte. Sie sind für die erste Aufnahme und Interpretation der Erzählung entscheidend. Denn gerade in dieser relativ großen Zahl prägen sie gleichsam das Gesicht des Buchs. Über Generationen hinweg – erst in unserem Jahrhundert haben sich andere Zeichner an Carrolls Erzählung versucht, sich nur mühsam von dem Vorbild lösend – bestimmten die Zeichnungen Tenniels die Vorstellungen der Leser von Alice. Ihrer Phantasie ist dadurch nur begrenzt freier Lauf gelassen.[146] Deswegen ist es nicht unwichtig, daß Tenniel in der Tradition der englischen Romantik[147] das Tierische der Figuren verniedlicht und damit all das entschärft, was in Carrolls Text unterschwellig an kulturkritischen Elementen enthalten ist.[148] Diese Bilder und die spätere Filmfassung von Walt Disney haben wesentlich dazu beigetragen, daß in Alice lange Zeit nur das kleine unschuldige Mädchen gesehen wurde.

Nach der Einigung mit Tenniel waren die Schwierigkeiten bei der Publikation von *Alice im Wunderland* noch lange nicht beendet. Zwar druckte die Clarendon Press in Oxford im Auftrag und auf Kosten von Carroll im Juli 1865 zunächst 2000 Exemplare, die der Verlag Macmillan auch zu vertreiben begann, doch es waren noch keine 50 Bücher verkauft, als Carroll schon im August den Verkauf einstellen ließ. *Ich besuchte Macmillan und zeigte ihm den Brief von Tenniel über die Erzählung – er ist vollkommen unzufrieden über den Druck der Bilder, und ich denke, wir müssen alles noch einmal neu machen.*[149] In der Tat beschloß Carroll, die gesamte erste Auflage einziehen und eine gänzlich neue Auflage von dem Drucker Richard Clay herstellen zu lassen. Diese erschien dann im November 1865 – die eigentliche erste Auflage von *Alice im Wunderland*. Die schlecht gedruckten Exemplare wurden schließlich ein Jahr später als Teil der ersten Auflage in Amerika verkauft. Wer für die Entscheidung, die erste Auflage einzuziehen, tatsächlich den Ausschlag gegeben hat, ist nicht mehr genau auszumachen. Tatsache ist aber, daß Carroll auch schon die erste Andeutung Tenniels zum Anlaß genommen hat, hartnäckig zu intervenieren.

Diese eher nebensächliche Episode wirft ein bezeichnendes Licht auf Carrolls Umgang mit seinen Produkten. Er war äußerst genau und versuchte stets seine Vorstellungen durchzusetzen. Wissenschaftler, die später beide Ausgaben verglichen haben, konnten die Unterschiede kaum ausmachen, einige waren gar der Meinung, die erste sei besser gewesen.[150]

Dies ist aber erst der Beginn einer langen Kette von Auseinandersetzungen Carrolls mit seinem Verleger Macmillan über seine Bücher. Carroll versuchte alles – vom Preis, dem Titel, der Ausstattung bis hin zu den Vertriebswegen – selbst zu bestimmen, so wie auch Alice in seinen Büchern auf dem Weg zu ihrer eigenen Sprache ist.[151] Wenn irgend etwas nicht nach seinen Wünschen lief, fuhr er sofort zu seinem Verleger nach London oder schrieb ihm.[152] Cohen spricht davon, daß Carroll seinen Verleger über Gebühr strapaziert habe.[153] Gleichzeitig bemerkt er aber, daß beide wohl auch von ähnlicher Charakterstruktur gewesen seien, so daß sie unvermeidlich hätten aneinandergeraten müssen.[154]

Trotz dieses schwierigen Anfangs und den Verzögerungen bei der Publikation stellte sich zur Überraschung aller sehr rasch der Erfolg ein. Vielen Zeitgenossen schien das kleine Buch von *Alice im Wunderland* als Geschenk sehr geeignet zu sein, denn besonders um die Weihnachtszeit wurde das Buch gut verkauft, was Carroll mehrfach stolz in seinem Tagebuch vermerkt. Bereits ein knappes Jahr nach der Veröffentlichung mußten 3000 Exemplare nachgedruckt werden, und schon zwei Jahre nach dem Erscheinen hatte Carroll seine Kosten für Druck und Illustrationen wieder zurückerhalten und sogar noch einen Gewinn von 250 Pfund gemacht. Bis zu seinem Tod wurden insgesamt 159000 Exemplare von

Alice verkauft.[155] Nachdem Anfang des 20. Jahrhunderts auch billigere Volksausgaben erschienen waren, wuchs die Gesamtauflage schnell auf 750 000 Exemplare. Kurz nach Erscheinen der ersten englischen Ausgabe folgten eine amerikanische und bereits 1869 erste deutsche, französische und 1872 auch eine italienische Übersetzung.[156] Heute liegt das Buch in allen wichtigen Sprachen vor.

Die anderen Werke

Die Turbulenzen um das Erscheinen von *Alice im Wunderland* und der überraschende Erfolg des Buchs waren noch nicht abgeklungen, da muß Lewis Carroll schon darüber nachgedacht haben, die Abenteuer Alices fortzusetzen. Bereits im August 1866, als er mit dem Verlag über die zweite Auflage seines ersten Buches verhandelt, erwähnt er diese Pläne beiläufig. *Ich habe eine noch unbestimmte Vorstellung davon, eine Art Fortsetzung von Alice zu schreiben, und wenn daraus jemals irgendetwas werden sollte, unterrichte ich Sie gleich von Anfang an davon, damit wir die Angelegenheit von Beginn an richtig auf die Reihe bekommen.*[157] Das ist der erste Hinweis auf das zweite Alice-Buch, aber erst eineinhalb Jahre später kommt er in einem Brief an seinen Freund F. H. Atkinson zum zweiten Mal auf das Manuskript zu sprechen – *mit Alices Besuch im Spiegel-Haus geht es ganz gut voran*[158] –, um es dann im Januar 1868 abermals in seinem Tagebuch anzuführen.[159]

In der Zeit zwischen der ersten Erwähnung und der allmählichen Konkretion liegt ein Ereignis, das ihn gewiß sehr beschäftigt hat: Im Sommer 1867 verläßt er das erste und einzige Mal in seinem Leben England, um mit seinem Freund, dem Prediger Henry Parry Liddon, eine Fahrt durch West- und Mitteleuropa bis nach Moskau zu unternehmen. Ob es einen besonderen Grund für diese Reise gab und warum sie gerade nach Moskau führte, darüber ist wenig bekannt. Auch das eigenständig geführte Tagebuch über die Reise läßt kaum Rückschlüsse zu.[160] Es enthält nur äußere Daten über den Ablauf und kaum Angaben über Carrolls Beobachtungen und Eindrücke. Fest steht lediglich, daß er die Fahrt minutiös vorbereitete, einschließlich genauer Pläne für das Packen, und daß sie wie vorberechnet ablief. Viel Zeit für andere Dinge dürfte Carroll nicht gehabt haben. Danach scheint er sich zwar immer wieder mit dem zweiten Alice-Manuskript beschäftigt zu haben, aber gerade die Jahre 1867/68 waren für ihn besonders einschneidend. In ihnen hat sich sein nicht sehr aufregendes Leben verändert. Trotz des Erfolgs von *Alice im Wunderland* und der Bekanntheit, die Carroll dadurch erlangte, scheint er in dieser Zeit eher introvertiert und depressiv, was er auch in der Bilanz des Jahres 1867 in seinem Tagebuch zum Ausdruck bringt: *Ein Jahr großer Segnun-*

gen, kaum Prüfungen, viel Schwäche und Sünde: Jetzt bin ich davon über-
zeugt, daß ich mich selbst besser kenne und daß ich mein Möglichstes ge-
tan habe.[161] Diese Grundstimmung verstärken einige kleinere Mißerfolge
an der Universität, vor allem aber der Tod seines Vaters im Juni 1868, den
er außerordentlich verehrt hat: zur Innerlichkeit kommt jetzt Trauer.

Der Tod des Vaters bedeutet für Carroll nicht nur Abschied von einer
Person, an der er sich sehr ausgerichtet hatte, sondern auch die Über-
nahme von Verantwortung gegenüber seinen Schwestern. Die Familie
mußte aus dem Haus in Croft ausziehen und eine neue Heimat suchen.
Da er jetzt das älteste Familienmitglied war, übernahm vor allem er die
Suche nach einem neuen Haus, in dem seine noch nicht verheirateten
Schwestern leben konnten und das gleichzeitig als Familiensitz gelten
sollte. Nach vielen Bemühungen fand er schließlich «The Chestnuts», jenes Haus in Guildford, das er selbst fortan bis zu seinem Lebensende als
sein Zuhause ansehen sollte.

Diese Veränderungen im Leben Carrolls haben sicherlich dazu beigetragen, daß sich seine Pläne und neuen Buchprojekte nicht so schnell verwirklichen ließen. Außerdem war er jetzt der Meinung, es sei besser, von
Anfang an einen Zeichner für seine Geschichte zu haben. Deshalb hatte
er sich bereits 1867 auf die Suche nach einem Illustrator gemacht, dabei
zunächst auch an Tenniel gedacht, von diesem jedoch keine eindeutige
Zusage erhalten. Dessen Zögern und die schlechten Erfahrungen mit
ihm beim ersten Buch bewogen Carroll, nach einem anderen Zeichner
Ausschau zu halten. Aber nachdem alle seine Bemühungen scheiterten,
war er froh, als Tenniel im Juni 1868 schließlich doch noch zusagte, die
Bebilderung von Carrolls zweitem Alice-Buch zu übernehmen.

Erst zu diesem Zeitpunkt scheint er tatsächlich mit der Arbeit am Text
begonnen zu haben, obwohl freilich einzelne Abschnitte schon Jahre zuvor entstanden waren. Inzwischen hatte sich allerdings auch seine Arbeitsweise verändert. Anders als bei *Alice im Wunderland*, das zunächst
als fortlaufende Erzählung entstanden war und dann erst erweitert
wurde, schrieb Carroll jetzt einzelne Geschichten, Gedichte oder Fabeln,
die er dann zusammenfügen wollte. Damit forcierte er noch seine frag-
mentarisch-assoziative Schreibweise. So übernahm er aus seiner damaligen Familienzeitung *Mischmasch* ein Gedicht, das er veränderte und zu
einem wichtigen Bestandteil von *Alice hinter den Spiegeln* machte: *Jabberwocky* – in Enzensbergers Übersetzung *Der Zipferlake* –, das mit der
berühmten ersten Zeile in Spiegelschrift beginnt, eine Schreibweise, die
er ursprünglich für das gesamte Buch vorgesehen hatte:[162]

Verdaustig wars, und glasse Wieben
Rotterten gorkicht im Gemank;
Gar elump war der Pluckerwank,
Und die gabben Schweisel frieben.[163]

The Chestnuts, Guildford, 1868

Auch das Lied, welches der Ritter gegen Ende des Buchs für Alice nach der Melodie von «Wer nie sein Brot mit Tränen aß» singt, geht auf Carrolls frühe Verse *Upon the Lonely Moor* von 1856 zurück. Wie hier, parodiert Carroll zu seiner Zeit bekannte Gedichte oder dichtet Volkspoesie um. So ist *Upon the Lonely Moor* beispielsweise eine Parodie auf Wordsworths Poem «Resolution and Independence»[164], das Gedicht vom *Walroß und dem Zimmermann* spielt auf Hoods «Eugene Aram» an.[165] Bei dem Gedicht *Tweedledum and Tweedledee (Zwiddeldum und Zwiddeldei)* wiederum konnte er auf Kindergedichte zurückgreifen, die sogenannten Nursery rhymes. Diese Texte hatte er zum Teil schon längere Zeit aufbewahrt und fügte sie nun in das entstehende Manuskript ein. Einige andere Gedichte und Logeleien, die bereits in Zeitschriften erschienen waren und die ihm deshalb nicht in das neue Buch zu passen schienen, stellte er vorab zusammen und überzeugte seinen Verleger, sie als Buch in kleiner Auflage 1869 unter dem Titel *Phantasmagoria* zu veröffentlichen.[166]

Der entscheidende Anstoß für die Geschichte von *Alice hinter den Spiegeln* geht jedoch wiederum von einer Begegnung mit einem kleinen Mädchen aus, das ebenfalls auf den Namen Alice hörte. Carroll traf Alice Raikes im August 1868, als er im Haus seines Onkels am Onslow Square in London einige Tage verbrachte. Hier im Garten begegnete er dieser

«Alice hinter
den Spiegeln»

zweiten Alice, die dort mit ihren Geschwistern und Freundinnen spielte.
Er lud sie ein, mit ihm zusammen etwas sehr Rätselhaftes anzusehen, und
führte sie in den großen Wohnraum voller Möbel und einem großen Spiegel in der Ecke. In einem Brief an die «Times» erinnert sich die spätere
Mrs. Wilson Fox noch im Jahre 1932 an diese Begegnung: «‹Jetzt›, sagte
er und gab mir eine Apfelsine, ‹sag mir zuerst, in welcher Hand du sie
hast.› – ‹In der rechten›, sagte ich. ‹Nun›, sagte er, ‹geh dort hinüber und
stell dich vor den Spiegel und erzähle mir, in welcher Hand das kleine
Mädchen, das du dort siehst, sie hält.› Nachdem ich einen Augenblick
überrascht hingeschaut hatte, sagte ich: ‹In der linken Hand.› – ‹Genau›,
sagte er, ‹und wie erklärst du dir das?› Ich konnte es nicht erklären, aber
da ich sah, daß eine Lösung von mir erwartet wurde, wagte ich es: ‹Wenn
ich auf der anderen Seite des Spiegels wäre, wäre dann die Apfelsine
nicht immer noch in meiner rechten Hand?› Ich erinnere mich noch an
sein Lachen. ‹Gut gemacht, kleine Alice›, sagte er. ‹Das war die beste
Antwort, die ich bisher gehört habe.›»[167] Diese Episode brachte ihn auf
die entscheidende Idee für *Alice hinter den Spiegeln*. Wie bei seinem ersten Buch schmückte er eine Grundidee weiter aus, um sie schließlich zu
einer Geschichte zu formen.

Zeichnungen
von John Tenniel,
1871

Das erste Kapitel von *Alice hinter den Spiegeln* schickte er seinem Verleger schon im Januar 1869, aber erst zwei Jahre später lag das Manuskript vollständig vor, und der Druck konnte beginnen. *Ich glaube, der Band hat mich mehr Ärger gekostet als der erste, er sollte aber in jeder Hinsicht genauso werden.*[168] Auch jetzt kümmerte sich Lewis Carroll in allen Stadien sehr intensiv um die Produktion des Bandes. Wie bei den Illustrationen hatte er genaue Vorstellungen von Typographie und Ausstattung. Besonders der Satz von *Jabberwocky* in Spiegelschrift war technisch schwierig, aber auch das Titelbild entsprach lange nicht seinen Vorstellungen. So ist der Briefwechsel mit seinem Verleger Macmillan voller Beschwerden, Korrekturen und Verbesserungsvorschlägen, wie zum Beispiel ein Brief vom 15. April 1870 aus der Entstehungsphase von *Alice hinter den Spiegeln*: *Meine Titelseite ist noch nicht gut geworden – weil der Drucker meinen Anweisungen nicht folgte. Ich möchte die großen Buchstaben mehr unter als über der Zeile haben: beinahe doppelt so viel. In dem korrigierten Abzug, den ich sandte, rutschte das A & F ein wenig zu weit nach unten, als ich mir das vorstelle: die anderen sind einigermaßen richtig. Zweitens sollte das «UND» genau zwischen zwei Zeilen und nicht, wie sie es gedruckt haben, näher zur oberen Zeile. Drittens sollten die drei*

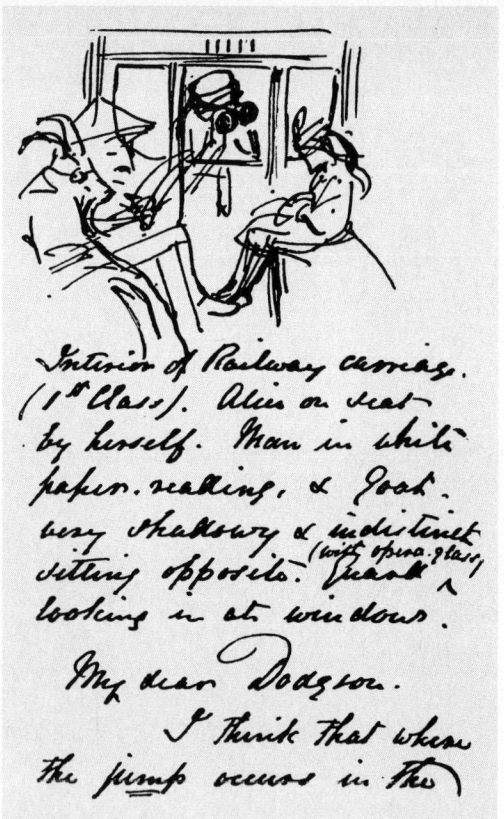

Bildentwurf und
Brief John Tenniels an
den Autor von «Alice
hinter den Spiegeln»,
1. Juni 1870

*Zeilen des Titels enger zusammenstehen und nicht so weit oben auf der
Seite. Viertens sollen die Kommas und Punkte niedriger stehen. All diese
Fehler habe ich versucht, auf dem beiliegenden Korrekturabzug zu verbes-
sern. Ich schicke Ihnen auch einen unkorrigierten, damit Sie den Unterschied sehen können.*[169]

Dank Carrolls Bestimmtheit wird schließlich die Herstellung des zweiten Alice-Buches kurz vor Weihnachten beendet – ohne die gravierenden
Pannen des ersten. Der Verleger hatte zunächst eine Auflage von 9000
Exemplaren vorgeschlagen, nachdem aber so viele Vorbestellungen vorlagen, erhöhte er den Druck um weitere 6000. Der Erfolg war zunächst
überwältigend, bereits Anfang 1872 war die gesamte erste Auflage verkauft, Carroll erhielt lobende Briefe von allen Seiten.[170] Doch der ganz
große, auch weltweite Erfolg wie bei *Alice im Wunderland* blieb diesem

«Alice hinter den Spiegeln». Zeichnung von John Tenniel, 1871

zweiten Band versagt. Es mag sein, daß das Buch größere intellektuelle Ansprüche stellt, mehr mit Parodien arbeitet und durch die Zeichnungen von Tenniel – von Grandville beeinflußt – auch stärker in den Bereich der politischen Karikatur gerückt wird. So meinten Kritiker im Löwen Züge von Gladstone und im Einhorn solche von Disraeli entdecken zu können.[171] All das machte das Buch insgesamt schwerer zugänglich. Immerhin wurden aber bis 1893 60 000 Exemplare verkauft. Zu diesem Zeitpunkt beschloß der Verlag, die bis dahin unveränderte erste Fassung von *Alice hinter den Spiegeln* neu – vor allem mit anderen Abbildungen – zu gestalten.[172]

Auf den ersten Blick ist die gesamte Erzählung wie ein Schachspiel aufgebaut, «das ganze Buch nimmt damit den Charakter eines Rätsels, also einer intellektuellen Spielerei an, indem der Leser indirekt aufgefordert wird, die Parallelen zwischen den Bewegungen der Looking-Glass-Geschöpfe und den Schachzügen aufzuspüren»[173]. Das zu Beginn des Buchs aufgezeichnete Spiel zwischen dem Weißen Damenbauer (Alice) und der Schwarzen Königin weist im Grunde den Weg durch das ganze Buch, wovon sich der Leser, der sich einlassen mag und *der die Mühe nicht scheut, durch Nachspielen der angegebenen Züge selbst überzeugen kann*[174]. Was mit diesem Schema des Schachspiels bereits festgelegt ist, wiederholt sich in den sprunghaften Elementen der Handlung immer wieder. Doch im Verlauf der Erzählung werden die fremden, von außen festgelegten Spielregeln immer unwichtiger: Nach und nach wird

Faksimile eines in Spiegelschrift geschriebenen Briefes
von Lewis Carroll an Edith Hall, 6. November 1893

deutlich, daß es sich nicht um ein Schachspiel an sich handelt, sondern es wird nach ganz bestimmten, von Alice festgelegten Regeln gespielt. Sie übernimmt gleichsam die Macht in dem Spiel. Die Geschichte stellt diese Machtergreifung dar. So erscheint in dem Disput von Alice mit Zwiddeldum und Zwiddeldei noch eindeutig der Schwarze König (Red King im Original) als Mächtiger, der in der Lage ist, Alice zu träumen *(Nun, dich träumt er)* und ihr dadurch erst ihre Existenz, ihre Subjektivität gibt. *«Gar nirgends wärst du. Du bist doch nur so etwas, was in seinem Traum vorkommt!»* – *«Der König da»*, fügte Zwiddeldum hinzu, *«brauchte bloß aufzuwachen, und schon gingst du aus – peng! – wie eine Kerze!»* [175] Was hier noch als Allmacht erscheint, zerplatzt dann im Spiel selbst, als Alice ihn am Ende im Schach besiegt und damit Herrschaft über ihn erlangt.

Dieser Wandel von Macht und die sich verschiebenden Ebenen von Traum, Spiel und Realität sind ein ganz zentrales Motiv in *Alice hinter den Spiegeln* wie auch im gesamten Werk Lewis Carrolls. In seiner Ambivalenz steht der Traum für die Macht, selbst gestalten und formen zu können einerseits, aber gleichzeitig auch für die Gefahr, im Traum selbst nur Figur zu sein, also von jemandem anderen geträumt zu werden. Das genau fragt auch Alice ihre Katze am Ende der Spiegel-Reise. *Und jetzt, Mieze, wollen wir einmal überlegen, wer eigentlich das Ganze geträumt hat. Ich meine es ernst damit, hörst du, und du solltest dir dabei nicht immer weiter die Pfote lecken. […] Denn siehst du, Mieze, einer muß es ja gewesen sein, entweder ich oder der Schwarze König.* [176] Die Frage bleibt schließlich unbeantwortet. Sie formuliert aber implizit das, was man als Angst vor dem Kontrollverlust bezeichnen könnte. Stärker noch als bei *Alice im Wunderland* wird hier nach der eigenen Identität gesucht, nach den Möglichkeiten, selbst zu handeln und nicht von anderen abhängig zu sein, von ihnen verführt und geformt zu werden (gesellschaftliche Normen) – oder nur geträumt zu werden. Auch das erste, oft diskutierte Gedicht der Erzählung, *Jabberwocky*, spielt mit diesem Thema. Im Kern wehrt sich der Ich-Erzähler gegen eine übermächtige Bedrohung, die in der Literatur in der Regel als Elternfigur verstanden worden ist. [177] Irritierend dabei ist allerdings, daß die fressende, beißende und einen Säbel schwingende Figur männlich ist, während der dahinter verborgene Mythos aus der Bibel eine weibliche (kastrierende) Figur enthält. [178] Welcher Interpretation man auch folgen mag: Was an diesem zentralen Gedicht von *Alice hinter den Spiegeln* so fasziniert, ist der Sieg des Kindes über das (Eltern-)Monster, ein Sieg ohne Bedingungen, der auch nicht ein Übergangsritual zur Welt der Erwachsenen darstellt, indem als Preis Reichtum oder gar die Hochzeit mit einer Prinzessin verheißen wird: Der Sieger bleibt Kind.

Für die Frage nach der Identität – oder anders formuliert: nach dem Erwachsenwerden – spielt auch das wichtige, titelgebende Motiv des Spiegels eine zentrale Rolle. Was sich schon im Beispiel mit dem Mädchen und der Apfelsine vor dem Spiegel angedeutet hat, erweist sich als zentraler Konflikt seiner Zeit: die Fragen «Wer bin ich» und «Welches Bild von mir stimmt: das eigene oder das der anderen?» Im Kern wird hinter dieser Problematisierung des Selbstbildes die Angst deutlich, die Affekte und damit auch das eigene Ich nicht mehr kontrollieren zu können, was seit dem 18. Jahrhundert im Bürgertum immer wieder Thema ist. Der moderne Bürger sieht dabei in erster Linie den anderen, den er kopiert. Dabei erblickt er in ihm aber gerade nicht die leibhaftige Person, sondern nur seine Wirkung im Spiegel. Die Beschränkung der Welt auf das Selbst und seine Spiegelungen bedeuten nicht unbedingt die Erweiterung des Selbstbewußtseins, sondern in erster Linie die Isolierung des Subjekts.[179] Die zunehmende Bedeutung des Spiegels in der Moderne umfaßt auf der einen Seite die Suche des Bürgers nach Identität, auf der anderen Seite läuft jeder, der einen Blick in den Spiegel wirft, Gefahr, vor seinem eigenen Bild zu erschrecken. Denn in den Spiegel schauen enthält seit der Aufklärung immer auch eine pädagogisch-moralische Seite im Sinne von «dem anderen einen Spiegel vorhalten». Latent spielt die Angst vor dem Bild zweifellos auch eine Rolle bei der Abwehr des Spiegels selbst – das Spiegelbild oszilliert zwischen Selbsterkenntnis und normierender Festlegung.

Diese Ambivalenz zwischen der Suche nach dem Selbstbild im Spiegel und der Angst davor spielt sich auf den verschiedensten Ebenen in *Alice hinter den Spiegeln* ab. Besonders im Dialog zwischen Humpty Dumpty

«Alice hinter den Spiegeln».
Zeichnung von John Tenniel,
1871

(in Enzensbergers Übersetzung: Goggelmoggel), dem menschlich ausschauenden Ei, und Alice kann dies deutlich werden. Während Humpty Dumpty hochmütig und besserwisserisch gleichsam die bürgerliche Vernunft und Rationalität verkörpert, hält er Alice ihren Konformismus vor, den er selbst eigentlich von anderen fordert: *«Das ist es ja gerade, was ich an dir auszusetzen habe»*, sagte Goggelmoggel. *«Du hast ein Allerweltsgesicht – zwei Augen so, […] Nase in der Mitte, Mund quer darunter. Immer dasselbe.»* [180] Umgekehrt erweist sich sein Rationalismus als wenig überzeugend und ist im Kern auch höchst gefährdet. Nicht umsonst hatte ihre Begegnung mit der Diskussion über sein Selbstbild begonnen. Er sieht wie ein Ei aus und als solches besitzt es zwar eine glatte (konformistische) Fassade, ist jederzeit aber auch als Ei genießbar und somit durch Essen zu zerstören. [181] Auf dieser Ebene spiegeln sich Humpty Dumpty und Alice gegenseitig, man könnte deshalb auch von dem jeweiligen Alter ego sprechen.

Doch die implizite Kritik an den Normierungs- und Vergesellschaftungsprozessen spielt sich nicht nur auf der Ebene der Selbst- und Fremdbilder und – wiederum wie im ersten Alice-Buch – im Spiel mit der Sprache ab, wo die Wörter ihre Bezüge und damit ihren Sinn verlieren. Vielmehr offenbart sich die Moderne auch in der Eisenbahn, die eine wichtige Rolle in *Alice hinter den Spiegeln* spielt. Bewegung, Fahrten sind handlungsleitende Elemente in beiden Büchern. Besonders die Eisenbahnfahrt im Kapitel *Spiegelschnake und andere Insekten* läßt die räumliche Perspektive fraglich erscheinen. Zu Beginn ihrer seltsamen Reise versucht sich Alice, einen Überblick über die Landschaft zu verschaffen. Hierbei geraten jedoch die Dimensionen vollkommen durcheinander: Bienen etwa erscheinen wie Elefanten, Fahrkarten sind größer als ihre Benutzer, und der Schaffner mustert Alice aus nächster Nähe mit einem Fernrohr, einem Mikroskop und einem Opernglas. Die Technik mit ihren Möglichkeiten, die Wahrnehmungen ganz neu zu strukturieren, trägt abermals zur Verwirrung bei. Zu dieser technischen Seite zählt auch der rationale, auf Vernunft pochende Humpty Dumpty und der die reine Wissenschaft verkörpernde Weiße Ritter. Sie stellen gleichsam die normierende Erwachsenenwelt dar, mit der sich Alice auseinandersetzen muß. Gegen all diese Anforderungen, die sie teilweise als Bedrohung erlebt, richten sich Alices Bemühungen um Kontrolle: Kontrolle über das Spiel und die Inszenierung sowie Kontrolle der Sprache. In beiden Fällen sucht sie selbst die Regeln zu bestimmen und damit das Geschehen zu beherrschen.

Bezieht man diese Auseinandersetzung zwischen Normen und der Angst vor Kontrollverlust auch auf Carroll, dann könnte man sagen, hier kämpft Alice um eigene Normen und Vorstellungen gegen die rationalen, normativen und glatten Seiten Carrolls – oder ein Aspekt derselben Person gegen den anderen.

«Sylvie & Bruno»

Bleiben die Elternfiguren – und damit die Beschäftigung mit ihnen – im Werk Lewis Carrolls auch verborgen, so kann man doch in *Jabberwocky* und in seinem einzigen Roman, *Sylvie & Bruno* (1889), Spuren einer Auseinandersetzung finden. Anders als in den Alice-Büchern treffen in *Sylvie & Bruno* Kinder und Erwachsene unmittelbar aufeinander. Bemerkenswert ist auch, daß mit Bruno erstmals im Werk Carrolls eine männliche Hauptfigur auftaucht.

An dem Roman *Sylvie & Bruno* hat Lewis Carroll über ein Jahrzehnt gearbeitet. Der erste Teil erschien 1889, der zweite 1893. Von der Struktur her ähnelt dieses umfangreichste Werk des Autors den Alice-Büchern. Auch hier machen die Hauptfiguren eine Reise durch eine phantastische Welt, die Ebenen von Traum und Realität treffen aufeinander und werden von einem allgegenwärtigen Erzähler geordnet. Doch anders als in den verspielten beiden ersten Erzählungen des viktorianischen Schriftstellers ist *Sylvie & Bruno* durchsetzt von strengen moralischen Regeln. Dieser Unterton mag dazu beigetragen haben, daß diesem letzten großen phantastischen Werk Carrolls der überwältigende Erfolg versagt blieb. Das durchgehende Thema bleibt auch hier die Identitätssuche. Anders als bei den Abenteuern von Alice, bei denen der Leser Realität und Phantasie nie eindeutig trennen kann, stellt sich bei *Sylvie & Bruno* über die Person des Erzählers die Trennung von Traum und Realität, auch die Aufspaltung einer Person in mehrere, eindeutig her. Der Erzähler weiß stets – und dadurch auch der Leser – die Ebenen genau zu bestimmen und bleibt dadurch im Gegensatz zu allen anderen Figuren von Anfang bis zum Schluß sich selbst treu. Klaus Reichert begreift dies als Wunsch Carrolls, «sich als identisch mit sich selbst zu sehen»[182]. War Alices Suche jedoch noch mit Wandel, Bewegung und Lebendigkeit verbunden, die auch Angst auslösten, so ist hier die scheinbare Identität des Ich-Erzählers steril, leblos, ohne Gestalt. Lebendigkeit beobachtet er lediglich bei den übrigen Protagonisten, die er beschreibt. Mit Recht haben verschiedene Interpreten die Parallelen zwischen den Konflikten, welche die Gestalten im Roman austragen, und denen von Carroll selbst hervorgehoben. Neben der Frage der Identität sind dies vor allem die Beziehung des jüngeren Bruders Bruno zu seiner Schwester Sylvie, die Bedeutung des Vaters, der in keinem anderen Werk Carrolls eine bemerkenswerte Rolle spielt, schließlich auch die Technikgläubigkeit (Eisenbahn) und eine versteckte Wissenschaftskritik.

Sylvies Beziehung zu Bruno ist von einer bemerkenswerten Altklugheit gekennzeichnet, stets kennt sie die richtigen Antworten, weiß Bescheid, wie etwas zu lösen ist. In dieser Haltung zwischen Schwester und Bruder entspricht sie durchaus dem Bild, das Carroll von seinen beiden älteren, ihm überlegenen Schwestern gehabt haben dürfte. Bruno gelingt

«Sylvie & Bruno». Zeichnung von Harry Furniss, 1889

es nur mit Hilfe von List und Nonsense, sich dieser Vorherrschaft zu entziehen und einen eigenen Weg zu finden. Diese Suche charakterisiert auch
das Verhältnis Brunos zu seinem Vater. Hier taucht ein Motiv wieder auf,
das wir bereits aus den Alice-Bänden kennen: die Verbindung von Oralität und Erfahrung. In einer zentralen Szene im ersten Teil des Buchs
begegnen Sylvie und Bruno ihrem Vater. Voller Neugierde stürzt sich
Bruno auf die seltsamen Früchte, die an einem Baum hängen, und bittet
den Vater darum, von ihnen essen zu dürfen. *«Sicher, mein Kind»*, nickte
der Vater, *«und dann wirst du erfahren, wie es um das Vergnügen steht.»* [183]
Doch die Enttäuschung ist groß, weil Bruno die Früchte nicht schmecken
kann. *«Sind alle Früchte so, Vater?»* mischt sich Sylvie ein. *«Für dich schon,
Liebling, denn du gehörst nicht zu dem Elfland – noch nicht. Aber für mich
sind sie echt!»* [184] Obwohl es eigentlich um den Sohn geht, verständigt sich
der Vater mit der Tochter und schließt den Sohn aus seiner Welt aus,
während der Tochter immerhin verheißen wird, in absehbarer Zeit in die
andere Welt gelangen zu können. Vergleichbare Motive finden sich an vielen anderen Stellen in den beiden Teilen von *Sylvie & Bruno*. Lewis Carrolls frühe Erfahrungen mit einem zwar gütigen und verständnisvollen,
ihn aber letztlich ignorierenden Vater und den mächtigen Schwestern?

Auf einer anderen Ebene liegt das Bild, das in *Sylvie & Bruno* von Universität und Wissenschaft gezeichnet wird. Jenseits der Phantastik ent-
wirft Carroll das Bild eines Professors, der schlecht mit den Dingen des
Alltags zurechtkommt, in höheren Sphären schwebt und ansonsten so tief-
schürfende Sätze von sich gibt wie: *In der Wissenschaft – wie wohl in den*

meisten Fällen – ist es normalerweise am besten, mit dem Anfang zu beginnen.[185] Man geht gewiß nicht zu weit, wenn man darin Carrolls subtile Kritik am Wissenschaftsbetrieb seiner Zeit sieht, dem er zwar angehört, aber auch skeptisch gegenübersteht. Ähnliche Äußerungen finden sich auch in Broschüren oder in kleineren Arbeiten, die der Tutor für Mathematik in Oxford verfaßt hat. Viele zeitgenössische Kritiker wollen in einzelnen Figuren auch reale Personen erkannt haben, etwa den Dekan Liddell, die aber – gemessen an den Möglichkeiten der Satire – sehr vorsichtig skizziert wurden. Betrachtet man die – allerdings nicht so stark wie bei *Alice* ausgeprägte – Sprachkritik und die Karikatur viktorianischer Moral zusammen mit der Darstellung der Universität, dann kann man durchaus gesellschaftskritische Elemente in *Sylvie & Bruno* ausmachen, ohne daß Carroll hier jemals an die Schärfe eines Dickens oder Thackeray heranreichen würde.

Im Gegensatz zu vielen anderen Autoren seiner Zeit ist Lewis Carroll bereits zu Lebzeiten als Autor bekannt geworden. Besonders seine beiden Alice-Bände sind auch für den Verlag ein kommerzieller Erfolg gewesen und haben noch im 19. Jahrhundert hohe Auflagen erreicht.

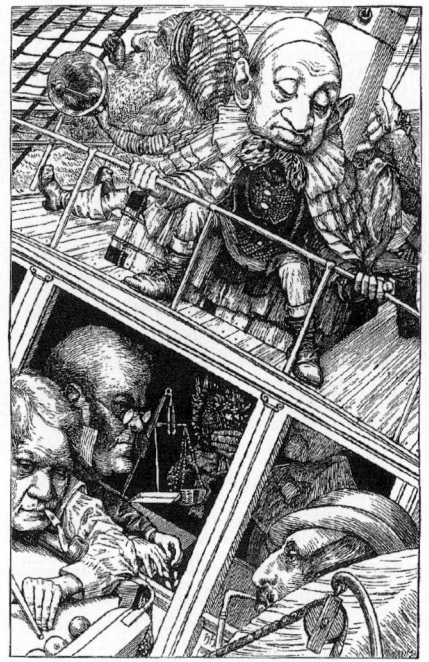

Als unterhaltsame Literatur mit Hintersinn wurden seine Bücher gelesen und verschenkt; als literarische Werke, die auch einer Auseinandersetzung unter Literaturwissenschaftlern wert gewesen wären, galten sie jedoch lange Zeit nicht, dafür wurden Carrolls Bücher zu einseitig als populäre Literatur eingeschätzt. Das ist im Grunde bis heute so geblieben. Zwar weiß in Europa und den USA fast jedes Kind, wer Alice im Wunderland ist, doch die literarische Wertung der Erzählungen bleibt einigen wenigen Wissenschaftlern mit einem Faible für Skurriles und Phantasti-

«Die Jagd nach dem Schnark». Zeichnung von Henry Holiday, 1867

sches oder einer einge-
fleischten Gemeinde der
«Lewis Carroll Societies»
in England und den USA
vorbehalten.

Erst im 20. Jahrhundert
erfuhr Lewis Carroll durch
James Joyce, der in «Finnegans Wake» dem viktoria-
nischen Autor ein Denk-
mal setzte [186], und vor allem
durch die Surrealisten eine literarische Aufwertung.
Sie ließen sich durch das
Tiefgründige des Carroll-
schen Werkes faszinieren.
Besonders die Funktion
des Traums und das asso-
ziative Schreiben Carrolls
waren Elemente, die auch
in der surrealistischen Literatur und Kunst große Be-
deutung besaßen, ja, man
kann sagen, daß Carrolls
Art der Literaturproduk-
tion die «écriture automa-

«Die Jagd nach dem Schnark».
Illustration von Max Ernst, 1950.
Collage, Bleistift und Tinte

tique» Bretons und seiner Kollegen vorweggenommen hat. Nicht zufällig
hat deswegen Carrolls *Hummer-Quadrille* neben Texten von so illustren
Autoren wie Baudelaire, Duchamp, Kafka oder Poe Eingang gefunden in
Bretons «Anthologie des Schwarzen Humors» (1940). [187] Auch in jüngster
Zeit hat es immer wieder Versuche gegeben, sich in der Literatur und der
bildenden Kunst mit Carroll auseinanderzusetzen. Bemerkenswertes
Beispiel sind hier Michael Endes Variationen über *Die Jagd nach dem
Schnark* und die Illustrationen, die bekannte Zeichner wie Ralph Steadman, Anthony Browne, Tony Roos, Klaus Ensikat und Albert Schindehütte den Alice-Büchern und teilweise dem *Schnark* beigegeben haben.
Mit unterschiedlicher Gewichtung, aber dennoch überall erkennbar, wird
in diesen ästhetischen Experimenten die Aktualität eines Werkes bemüht,
das über den Nonsense versucht, Ordnung in einer Welt zu stiften, deren
Konturen sich aufzulösen scheinen und die gleichsam selbst durch Trieb-
haftigkeit und Verführbarkeit konstituiert wird. Die Skepsis gegenüber
einer in die Beliebigkeit sich auflösenden Erlebniskultur ist im Werk Lewis
Carrolls bereits antizipiert.

Hinter dem Spiegel:
Der Fotograf und die jungen Mädchen

Sie sagen, daß wir Fotografen bestenfalls eine blinde Rasse sind; daß wir lernen, selbst in die schönsten Gesichter gerade so zu schauen, als seien sie nur Licht und Schatten; daß wir selten bewundern und niemals lieben. Das ist ein Hirngespinst, mit dem ich gerne aufräumen würde – wenn ich nur eine junge Dame fotografieren könnte, die meinen Schönheitsidealen entspricht – vor allem wenn ihr Name (ich frage mich, warum ich so auf den Namen Amelia versessen bin, mehr als auf jedes andere Wort in der englischen Sprache?) wäre.[188] So parodistisch und ironisch dieser Text aus dem Jahre 1860 auch ist, er formuliert doch im Kern Carrolls Zugang zu dem für seine Zeit neuen Medium Fotografie. Einerseits ist er fasziniert von dieser technischen Errungenschaft, andererseits läßt die Fotografie zugleich auch Zweifel über die Echtheit des Blicks aufkommen. Dieser ist zumindest fragwürdig geworden. Trotz der Unsicherheit jedoch rückt der Blick auf die ideale Schönheit in den Mittelpunkt von Carrolls Interessen. Doch in der Parodie gleichsam die Realität vorwegnehmend, erweist sich die Suche nach der idealen Schönheit als eine vergebliche. Sie ist im wahrsten Sinne brüchig, denn in Carrolls Text findet der Protagonist tatsächlich seine Amelia. Nach beträchtlichen Verwirrungen, die oft mit sprachlichen Mißverständnissen zu tun haben, gelingt es ihm schließlich auch, sie zu fotografieren: *Amelia, Du bist die meinige!* Aber beim Entwickeln der Bilder gerät er in einen Streit mit seinem Rivalen, in dessen Verlauf das Negativ zerbricht und zerstört wird. Dieses Unglück stürzt ihn vollends in Verwirrung. Der hier parodierte, scheinbar nicht zu versöhnende Konflikt zwischen dem realen Objekt des Begehrens und dem Abbild begleitet das Leben von Lewis Carroll fortan. Hier artikuliert sich zugleich die Frage nach dem Verhältnis von Objekt und Abbild – ein zentrales Thema des 19. Jahrhunderts.

Lewis Carroll faszinieren vor allem die neuen Möglichkeiten des Festhaltens von Augenblicken. Zwar ist sein Vorschlag, Poesie gewissermaßen fotografisch zu fixieren[189], gewiß nicht ernst gemeint, doch zeigen sich in der Parodie schon Spuren von dem, was er später als traumhafte, poetische Elemente in seiner Nonsense-Dichtung zu fixieren sucht. Im Imaginären nähern sich Poesie und Fotografie, auch bei anderen Schriftstellern wie Balzac oder Zola und später Proust. Zugleich wird mit dem neuen Medium auch eine Form des neuen Sehens erkennbar, das ebenfalls spezifisch für die Moderne ist: das Denken in Bildern.[190]

Schon seit seiner Kindheit hatte sich Lewis Carroll für technische Neuerungen interessiert. Nachdem seine Eltern mit ihm im Jahre 1840 die große Ausstellung von Warrington besucht hatten, beschäftigten ihn immer wieder die technischen Erfindungen seiner Zeit, die in den fünfziger Jahren ein starkes öffentliches Echo im viktorianischen England hervorriefen, das gerade dem ersten Höhepunkt der Industrialisierung zustrebte. Als junger Student besucht Carroll deswegen auch von Oxford aus die große Londoner Weltausstellung im Jahre 1851 und schreibt darüber am 5. Juli voller Begeisterung an seine Schwester Elizabeth: *Beim Eintreten bist Du zunächst einmal vollkommen verwirrt. Es sieht aus wie ein Märchenland. Soweit Du in jede Richtung schauen kannst, siehst Du nichts als Pfeiler, die mit Tüchern, Teppichen usw. umhängt sind, lange Gänge mit Statuen, Fontänen, Überdachungen usw. usw. usw. [...] Es gibt einige raffinierte mechanische Geräte. Ein Baum (in der französischen Abteilung) mit zirpenden und von Ast zu Ast springenden Vögeln, ganz wie im Leben.*[191] Diese Begeisterung für das Mechanische und Technische hielt sein Leben lang an. Er trug in seinem Zimmer in Oxford eine größere Anzahl mechanischer Spielzeuge zusammen, besaß mechanische Spieluhren und Musikinstrumente und nutzte häufiger die Gelegenheit, um in London die neuen Panoramen zu besichtigen oder die Laterna magica zu bestaunen.[192] Einiges von seinen Spielzeugen ist noch heute im Museum in Guildford zu sehen.

Doch sein besonderes Augenmerk galt der Fotografie. Viele der technischen Errungenschaften hatte ihm sein Onkel Skeffington Lutwidge, der Bruder der Mutter, vorgeführt, den Charles schon als Kind in seinem Londoner Haus häufiger besucht und dies auch während der Studienjahre fortgesetzt hatte.[193] Diesen Onkel fragt er schließlich auch 1856 nach einer Kamera. *Ich schrieb Onkel Skeffington und bat ihn, mir einen Fotoapparat zu besorgen, denn ich möchte mich hier auch mit anderen Dingen beschäftigen als mit Lesen und Schreiben.*[194] Und zu diesen *anderen Dingen* gehörte zum einen seine Vorstellung, die Fotografie mit der Mathematik zu verbinden. *Könnten nicht komplizierte mathematische Figuren [...] gut auf dem Papier dargestellt werden, wenn man erst die Figur modelliert und dann von dem Modell ein Foto machen würde?*[195] Zum anderen das, was fortan fast 25 Jahre seine Passion werden sollte: die Porträtfotografie, die er selbst als Modell schon zu Beginn seines Studiums in Oxford leidvoll erfahren hatte, als es noch mindestens drei bis fünf Versuche brauchte, bis ein Foto glückte.[196] Er hatte sich das neue Verfahren entweder bei Freunden zeigen lassen oder es auf Ausstellungen gesehen. Von Anfang an war es ihm so wichtig, daß er jede Berührung mit dem Medium Fotografie im Tagebuch festhielt.[197] *Ich ging zur Fotografie-Ausstellung: da ist ein sehr schönes historisches Bild von Lake Price mit dem Titel «Die Szene im Turm», das aus der Wirklichkeit aufgenommen wurde. Das ist eine ausgezeichnete Idee für das Herstellen von Bildern [...] einige kolorierte Porträts sind ausgezeichnet.*[198]

Am 18. März 1856 fährt Carroll nach London und bestellt eine Kamera. Sein Onkel Skeffington berät ihn zwar und zeigt ihm seine eigenen Fotos, doch augenscheinlich war er den Bitten seines Neffen, ihm eine Kamera zu besorgen, nicht nachgekommen. Nach London nimmt er seinen Kommilitonen Reginald Southey mit, der später ebenfalls in Oxford lehren sollte und schon während seiner Studienzeit ein begeisterter Amateurfotograf war. Zusammen bestellen sie in Soho eine Kamera, die Carroll nach Oxford geschickt werden soll. *Die Kamera mit Linsen usw. wird ungefähr 15 Pfund kosten*, schreibt Carroll in sein Tagebuch.[199] Dies war damals eine erhebliche Summe, zumal darin noch nicht die Schalen, Flaschen und Chemikalien enthalten waren, die zu jener Zeit unbedingt benötigt wurden, um Bilder zu entwickeln.[200]

Als die Kamera schließlich im Mai 1856 bei Carroll im Christ Church College eintrifft, beginnt ein zunächst abenteuerliches Experimentieren mit vielen Fehlschlägen, mit reichlich Gestank und manchen mißglückten Aufnahmen. Zu Beginn hilft ihm noch Reginald Southey, der mit der Handhabung des Apparats und der Zusammensetzung der Lösungen bereits Erfahrung hat. Obwohl das Fotografieren in der Pionierzeit dieses Mediums noch notwendigerweise mit dem offenen Gebrauch von chemischen Lösungsmitteln verbunden ist, trennt Lewis Carroll in seinem eigenen Zimmer eine Ecke ab, in der er alles aufstellt, was er für die Entwicklung seiner Fotos benötigt. Viele seiner Bilder nimmt er in seinem Wohnzimmer im College auf. Erst 1868, als er innerhalb von Christ Church College in ein größeres Studio umziehen kann, richtet er sich auch ein eigenes Atelier über seiner Wohnung ein, dessen Fertigstellung allerdings bis Oktober 1871 auf sich warten läßt. Von diesem Zeitpunkt an ist er, gemessen an den Möglichkeiten seiner Zeit, professionell eingerichtet.[201]

Die Londoner Weltausstellung im Kristallpalast, 1851.
Blick von der nordöstlichen Galerie. Nach einer Daguerreotypie von Claudet

Das neue Medium Fotografie

Nicht nur technisch befindet sich Lewis Carroll auf der Höhe seiner Zeit.
Er ist nicht nur Pionier der Fotografie, sondern wird auch einer ihrer be-
deutendsten Vertreter. Als Vermittler zwischen der neuen Bildersprache
des Mediums Fotografie und einer bildlichen Schreibweise war er seiner
Zeit voraus, ja beinahe ein Vorläufer der Postmoderne.

Mitte des 19. Jahrhunderts wurde etwa zur selben Zeit in England und
Frankreich eine Technik erfunden, die zur Erfüllung eines alten Traumes
beitragen sollte: das Festhalten des Raums in der zweiten Dimension. Mit
Hilfe der bereits in der Renaissance entwickelten Camera obscura wurde
ein Bild fixiert, das nicht «geschaffen» wurde, sondern der Natur zu ent-
sprechen schien. Das neue Medium verändert den Blick im 19. Jahrhun-

97

dert ganz entscheidend. Es lenkt den Blick. Dieser sieht die zweidimensionale Abbildung des Raumes, richtet sich aber genaugenommen auf das Bild, welches das Licht im Auge und im Gehirn geschaffen hat. So bringt die Fotografie eigentlich das Innere des Menschen zum Ausdruck und zur Darstellung.

Wenn nun aber die Camera obscura und ihre Fortentwicklung gleichsam ideale Konstruktionen sind, die den Blick nach innen repräsentieren, dann wird der Mensch selbst zum Konstrukt, sein Bild existiert nicht real, sondern nur als je spezifisches Phantasma. Viele Aspekte aus der Entstehungsgeschichte der Fotografie sprechen dafür, daß es bei der Suche nach den Möglichkeiten des Festhaltens von Bildern genau um die Suche nach diesen Idealbildern ging.[202]

Die Entwicklung der Daguerreotypie hat diese Diskussion um die «Wahrheit» des Bildes erneut entfacht.[203] In den Anfängen der Fotografie sind ihre Wurzeln in der naturalistischen Kunst des 19. Jahrhunderts noch deutlich zu erkennen. Dies zeigt sich besonders stark in großen Teilen der viktorianischen Fotografie, die sich im wesentlichen von der sogenannten Kombinationsfotografie (es wurde eine Aufnahme des Himmels beispielsweise mit einer zweiten des Strandes zum Bild der Küstenlandschaft zusammengefügt; dies war möglich geworden, seitdem mit Negativen gearbeitet werden konnte) abwandte hin zu einer ausgeprägten Naturalistik.[204] Dabei gingen die Vorstellungen der verschiedenen Fotografen auseinander. Eine Richtung bemühte sich stärker um ein möglichst naturalistisches Bild der jeweils Porträtierten, wie etwa die bekannteste englische Fotografin ihrer Zeit, Julia Margaret Cameron, die auf der Isle of Wight lebte und dort auch Lewis Carroll traf, als dieser auf der Insel Ferien machte. Obwohl sie sich auch in anderen Stilen versuchte, ist sie vor allem durch ihre einfühlsamen Porträts bekannter Persönlichkeiten berühmt geworden. «Wenn ich solche Männer vor die Kamera bekam, war meine ganze Seele bemüht, ihre Pflicht zu tun und die innere Größe wie die äußeren Züge des Mannes festzuhalten. Die auf solche Weise entstandene Fotografie war dann fast die Verkörperung eines Gebets.»[205] Die Fotografie war für sie also Versuch, das an Wirklichkeit darzustellen, was die Fotografin sah, in ihrem Gegenstand erkennen konnte. Bereits die Daguerreotypie und später ihre Weiterentwicklungen hatten ein ganzes Genre der Kunst, die Porträtmalerei, ersetzt.

Im Gegensatz zu den naturalistischen Auffassungen legten die an den Präraffaeliten orientierten Fotografen besonderen Wert auf das Arrangement, auf die Inszenierung dessen, was dargestellt werden sollte. Davon lebte insbesondere die viktorianische Aktfotografie. Malerei und Fotografie gingen eine enge Allianz ein, vor allem bei Dante Gabriel Rossetti, der sein berühmtes Bild «La Rêverie» nach von ihm selbst arrangierten Fotografien malte.[206] Auch Carroll war von Rossetti fasziniert, er schrieb ihm mehrfach und traf ihn schließlich auch.

John Ruskin und Dante Gabriel Rossetti.
Foto von Lewis Carroll

Gemeinsam ist beiden Tendenzen, daß die Fotografen das Bild mit ihrer Phantasie besetzen. Auch dann, wenn das Foto nicht durch künstliche Dekors und Hintergründe arrangiert ist, vollendet es die Phantasie des Fotografen, sein Blick richtet sich auf die wahre «innere wie äußere Größe des Objekts». Dies prägt die Fotografie des 19. Jahrhunderts. Carroll selbst hat Elemente beider Tendenzen aufgegriffen. Zwar versuchte er mit seinen Porträts berühmter Zeitgenossen, Menschen zu erfassen, doch knüpfte er auch mit seinen inszenierten Kinderbildern an die präraffaelitische Tradition an. Viele seiner Interpreten sehen ihn ausschließlich in dieser Tradition[207] und haben insofern recht, als sie sich überwiegend auf die inszenierten Kinderbilder beziehen und weniger auf die Porträts Erwachsener. Kinderbilder waren aber nur ein Teil seines Schaffens als Fotograf.

Ausschlaggebend für die Durchsetzung der Fotografie war vor allem der große Bedarf des Bürgertums in ganz Europa an Bildern, die ihnen die Möglichkeiten zur Selbstdarstellung und zur Pose verschafften und die sehr bald als Inszenierung die Fotografie prägen sollten. Daneben spielte noch ein weiteres Motiv eine große Rolle: die latent immer mit gestellte Frage nach der Vergänglichkeit, die Todesmetapher. Wirft die «Pose» vor der Kamera die Problematik der «Echtheit» auf, so weist die Todesthematik auf die Überwindung der bedrohlichen Natur hin. Denn die Fotografie bedeutet auch das Festhalten eines unwiderbringlichen Zeitpunktes, durch den zumindest unbewußt das Altern und das absehbare Lebensende thematisiert werden. «Die Fotografie ist ohne Kultur. […] Sie schließt jede Läuterung, jede Katharsis aus. Wohl könnte ich ein Bild, ein Gemälde, eine Statue verehren, aber auch ein Foto? Ich kann es nur dann zum Gegenstand eines Rituals machen, wenn ich in irgendeiner Weise vermeide, es zu betrachten. […] In der Fotografie zeigt sich die Stillegung der Zeit nur in einer maßlosen, monströsen Weise: die Zeit stockt. Mag das Foto auch noch so modern, mit unserer noch so lauten Alltäglichkeit vermischt sein, so gibt es in ihm doch einen rätselhaften Punkt von Inaktualität, eine seltsame Stauung, Inbegriff eines Stillstands.»[208]

Mit dem Festhalten der Zeit im Foto scheint nicht nur der Augenblick stillgestellt, auch der Tod und die innere Leere durch die Inszenierung scheinen gebannt.[209] Denn für das Bürgertum bedeutet die Lösung vom Ritual auch die Entfremdung von der Lebenswelt, die nunmehr – gleichsam medial (Fotografie) – wiederhergestellt werden kann. Das macht die Ambivalenz der Fotografie aus: Sie wirkt bedrohlich und faszinierend zugleich. Einerseits scheint der Tod mit dem neuen Medium gebannt werden zu können, andererseits taucht die Befürchtung auf, ein Teil des Selbst könne abhanden kommen. Jenseits dieser eher mystischen Vorstellung verbirgt sich jedoch die Frage nach dem Verhältnis des Echten zu seiner Verdoppelung oder, anders ausgedrückt, die Frage nach dem Ende der Subjektivität durch das Foto. Bei Carroll manifestiert sich dieser Widerspruch besonders in seiner Faszination für das Medium einerseits und der bis zum Widerwillen reichenden Abneigung, selbst fotografiert zu werden. Sie hat er erst entwickelt, nachdem er eine Kamera besaß, also bereits selbst «Macht» über das Bild anderer ausübte.

Der Porträtfotograf

Als Lewis Carroll zu fotografieren begann, hatte das Medium Fotografie gerade das Versuchsstadium hinter sich gelassen. Seit wenigen Jahren erst waren Kameras für ein breiteres Publikum zu erwerben. Carroll stellte sich mit erstaunlicher Gelassenheit auf das neue, noch unbekannte Medium ein. Er nahm es beinahe wie selbstverständlich auf. Betrachtet man lediglich seine Eintragungen in den Tagebüchern, dann hat es den Anschein, als interessiere ihn in erster Linie die technische Seite des Fotografierens. Damit ist er die ersten Wochen nach dem Erwerb der Kamera zusammen mit seinem Freund Southey beschäftigt: *Ich verbrachte den ganzen Tag damit, zusammen mit Southey zu fotografieren, oder besser: ihm zuzuschauen. Er nahm Faussett, Hewitt, Harington [Dozenten bzw. Lektoren in Oxford], mich, etc. auf. Da der Tag so gut dafür geeignet schien, ging ich in die Bibliothek und rief vom Fenster aus nach Harry Liddell [Sohn des Dekans] und brachte ihn dazu, mit in Southeys Zimmer zu kommen. Wir hatten viel Mühe, ihn zu überreden, lange genug still zu sitzen; es gelang endlich, ihn ins helle Licht zu bringen und ein angemessenes Profil zu bekommen.*[210] Doch über die technischen Fragen nach dem Licht und nach der Geduld der Modelle hinaus, die immerhin – je nach Beleuchtung – bis zu 20 Minuten still sitzen mußten, begann ihn allmählich auch der Gegenstand zu interessieren. Je besser er das Instrument beherrschte, desto stärker fesselten ihn seine Modelle. Dabei kristallisierten sich zwei Schwerpunkte heraus: zum einen seine Faszination für Porträts von Erwachsenen, die, abgesehen von Verwandten, möglichst eine Bedeutung im öffentlichen Leben haben sollten, und zum anderen die inszenierten Bilder von kleinen Mädchen.

Im Laufe seiner fast 25 Jahre währenden Beschäftigung mit der Fotografie läßt Lewis Carroll kaum einen Versuch aus, Prominente, die sich in seiner Nähe befinden, vor seine Kamera zu holen. Obwohl die Liste der angefertigten Fotografien, die Carroll penibel geführt hatte, verlorenging, ist dennoch soviel verbürgt, daß sie insgesamt über 2700 Eintragungen umfaßte.[211] Hinzu kamen noch die Aufnahmen von Tierskeletten, die er alle sorgfältig mit ihren lateinischen Bezeichnungen beschriftet hatte.[212] Welche Bedeutung Porträts und Tieraufnahmen für ihn wirklich hatten, die ohnehin gegenüber seinen Interessen für Kinderaufnahmen weit zurücktraten, läßt sich nicht eindeutig ermessen, dafür beschreibt Carroll seine Fototermine mit Prominenten zu nüchtern und gleichsam technisch. In seinen wenigen theoretischen Schriften zur Fotografie finden sich aber einige Hinweise, die Rückschlüsse zulassen. So fühlt er sich gewiß aufgewertet, wenn es ihm gelingt, bekannte Persönlichkeiten zu porträtieren. In den Vordergrund rückt jedoch vor allem die für die frühe Fotografie zentrale Frage nach der Differenz zwischen dem Natürlichen und dem Künstlichen. Dieses Thema greift er bereits im Jahre 1860 auf in einem Bericht über eine Londoner Fotoausstellung für «The Illustrated Times»: *Bei Einzelporträts muß vor allem die Schwierigkeit überwunden werden, die Hände möglichst natürlich zu placieren. Innerhalb der engen Grenzen, die durch die Möglichkeiten der Linsen gegeben sind, gibt es nicht viele natürliche Haltungen. Wenn der Künstler dagegen selbst versucht, die Haltung festzulegen, erzielt er meistens den Effekt, einen geradezu verschüchterten jungen Mann in Gesellschaft vor sich zu haben, der zum ersten Mal entdeckt, daß seine Hände eine Belastung sind und der sich nicht daran erinnern kann, wie er sie gewöhnlich im privaten Leben benutzt.*[213] Hiermit spricht er eine für das 19. Jahrhundert typische Frage an, welche die neuen Wahrnehmungsweisen der Zeit aufwerfen und die beispielsweise Heinrich von Kleist in seiner Erzählung «Über das Marionettentheater» bereits zugespitzt gestellt hatte: Wer bewegt sich natürlicher, eine tanzende Marionette oder ein lebendiger Tänzer?[214] Darauf sucht auch Carroll eine Antwort in seiner Auseinandersetzung mit dem neuen Medium Fotografie. Die in der Frage Kleists versteckte Unsicherheit gegenüber der eigenen Wahrnehmung macht Carroll fast ausschließlich zum Thema in seinen Nonsense-Produktionen, den Alice-Büchern, den Reimen und Rätseln. Im Gegensatz zu seiner sonstigen Gehemmtheit und seinem Stottern gibt sich der junge Fotograf gegenüber dem Medium Fotografie erstaunlich sicher.

Eines der ersten bekannteren Modelle, für die sich Carroll interessiert, war kein geringerer als Alfred Tennyson, der führende Lyriker im viktorianischen England. Während viele von Carrolls Fotografien in der ersten Zeit eher Zufallsprodukte waren – er fotografierte Menschen, die er in seiner Umgebung, besonders am Christ Church College traf –, näherte er sich seinen prominenten Modellen geradezu strategisch. Er ließ sich durch Bekannte empfehlen oder schickte ihnen eine Auswahl seiner Fotografien. So hatte er auch Tennyson über dessen Schwägerin, die er zufällig kannte, einige seiner Bilder übersandt. In den Sommerferien 1857 gelang es ihm dann, bis zu Tennyson vorzudringen. Dieser zeigte sich, wie Carroll in seinem Tagebuch notiert[215], recht angetan von einigen seiner Fotos und sagte auch einen Fototermin zu, der aber zunächst an Zeitproblemen scheiterte. Aber Carroll ließ nicht locker, und tatsächlich gelang es ihm wenige Tage später, Fotos von Tennyson und dessen Familie zu machen, auf die er sehr stolz war.[216] Dennoch enden seine Kontakte mit dem Lyriker recht abrupt mit einem wenig erfreulichen und unhöflichen Briefwechsel in den siebziger Jahren.

Ähnlich haben sich viele Begegnungen Carrolls mit seinen Zeitgenossen abgespielt. Auf diese Weise sind so bekannte Porträtfotos wie die von William Makepeace Thackeray, John Ruskin, Dante Gabriel Rossetti oder George MacDonald entstanden, die noch heute in Bildbänden über das viktorianische England oder über die frühe Fotografie aufgenommen werden. Daneben fotografierte er zahlreiche seiner Kollegen

Die Familie Rossetti: Dante Gabriel, Christina, Mrs. Rossetti
und William Michael. Foto von Lewis Carroll, 1865

und Freunde in Oxford, insbesondere auch den Dekan Liddell, sowie
viele kirchliche Würdenträger.

Eine besondere Bedeutung besaß für Lewis Carroll in diesem Zusammenhang die königliche Familie. Nicht nur hatte er, der überzeugte
Royalist, Königin Viktoria sein erstes Buch geschickt und mit Genug-
tuung gehört, daß sie es schätzte, sondern er bemühte sich auch darum,
Aufnahmen von Mitgliedern der königlichen Familie machen zu dürfen.
Als Eduard, der Prince of Wales, 1859 zum Studium nach Oxford kam,
versuchte er, ihn zu einem Fototermin zu bewegen. Obwohl der Prinz ab-
sagte, versuchte Carroll, ihn bei anderen Gelegenheiten zu treffen. Beim
Empfang von Königin Viktoria und Prinzgemahl Albert im Christ
Church College bot sich eine Gelegenheit. *Abendunterhaltung im Dekanat, tableaux vivants. Ich ging kurz nach halb acht dorthin und fand eine
große Versammlung vor – der Prinz war noch nicht da. Er kam kurz vor
neun und ich fand eine Gelegenheit, General Bruce an sein Versprechen zu
erinnern, mich dem Prinzen vorzustellen, was er tat, als die Unterhaltung
das nächste Mal unterbrochen wurde. [...] Ich begann mit einer Art Ent-*

schuldigung, weil ich so aufdringlich wegen der Fotos war. Er sagte irgend etwas über das Wetter, das dem entgegenstand, und ich fragte ihn, ob man ihn in Amerika auch so gequält hätte, Modell zu stehen; er sagte, sie hätten, aber er meine, daß sie nicht sehr erfolgreich gewesen seien. [...] Er sagte außerdem, daß er meine Kinderbilder [...] sehr bewundert hätte [...].[217] Einige Tage später schickte der Prinz ein Autogramm und etwa ein Dutzend Fotografien von sich an Carroll.[218] Sehr zur Enttäuschung des Fotografen ist es jedoch nicht zu weiteren Begegnungen gekommen. Allerdings gelang es Carroll, den jüngsten Sohn von Königin Viktoria, Prinz Leopold, zu einer Fotositzung zu überreden, als dieser sich im Christ Church College eingeschrieben hatte. Der Prinz kommt im Juni 1875 eigens zu Carroll ins Atelier.[219] Dieser Besuch findet aber keinen großen Niederschlag im Tagebuch oder in den Briefen, Carroll macht sich allenfalls vorher Sorgen über Fragen der Etikette[220], ansonsten ist er in dieser Zeit weitaus mehr daran interessiert, junge Mädchen zu fotografieren.

Mädchenbilder

Kommentiert Carroll seine Porträts berühmter Menschen noch vergleichsweise knapp und nüchtern in seinen Tagebüchern oder Briefen, so macht er dagegen ab den sechziger Jahren ausführliche Eintragungen über die Fototermine mit kleinen Mädchen. Urteilt man allein nach den Tagebüchern, könnte man meinen, daß dieses Interesse zeitweilig das Leben des Mathematik-Tutors vollkommen überwucherte. Sein übriges Privatleben, die Freunde und die Arbeit am Christ Church College spielen in dieser Zeit – zumindest im Tagebuch – kaum eine Rolle. Schon in der Phase des Experimentierens mit der Fotografie versucht er, Menschen aufzunehmen, was damals nicht selbstverständlich war, da sie bei den langen Belichtungszeiten sehr viel schwerer zu fotografieren waren als Gebäude, Straßen oder Gärten. Bei seinen ersten fotografischen Versuchen lernte er die drei Liddell-Mädchen kennen, sie sahen Southey und Lewis Carroll neugierig zu, als die beiden Carrolls neue Kamera im Garten des Dekanats ausprobierten. Die beiden Männer entwickelten die Idee, daß die Mädchen den Vordergrund einer Aufnahme der Kirche des Christ Church College beleben könnten. Doch der Plan scheitert, die Mädchen sind zu unruhig und nicht geduldig genug, um lange Zeit still zu sitzen. Sehr bald allerdings lernen sie, vor der Kamera zu posieren, ohne sich zu bewegen: So beginnt Jahre bevor *Alice im Wunderland* geschrieben wurde, Carrolls ganz eigentümlicher Umgang mit jungen Mädchen. Hier überschneiden sich die Möglichkeiten des neuen Mediums, Carrolls spezifisches Verhältnis zu Mädchen und die puritanische Moral. Aus die-

Edith, Lorina und Alice Liddell. Foto von Lewis Carroll, 1859

ser Faszination ist neben den Alice-Bänden und den Fotos ein ganz eigener Beitrag Carrolls zur Weltliteratur entstanden: seine Briefe an junge
Mädchen. Da Lewis Carroll ein leidenschaftlicher Briefschreiber war, hat
er fast alle Freundschaften und Bekanntschaften mit Briefen begleitet,
die schönsten richteten sich allerdings an seine kleinen Freundinnen.[221]

Neben der Schrift besteht die Sprache Carrolls zwischen etwa 1856 und
1880 vor allem aus Fotos. Ab 1856 nimmt er unzählige Fotos von jungen
Mädchen auf, über deren genauere Anzahl man nur spekulieren kann,
da viele vernichtet wurden. Dennoch zeigen die noch erhaltenen und
veröffentlichten Bilder so viele Gemeinsamkeiten, daß sie Schlüsse darauf zulassen, was sie für Carroll bedeutet haben. Seine erste kleine
Freundin war die Nichte des Dekans Liddell, Frederika, die er im Sommer 1855 traf und die er in der für ihn charakteristischen und häufig wiederkehrenden Weise beschreibt: *Immer wenn ich sie sehe, bestätigt sich
mein Eindruck, daß sie eines der reizendsten Kinder ist, die ich je sah,
freundlich und unschuldig aussehend, keine leblose Puppen-Schönheit.*[222]
In dieser Beschreibung finden sich bereits jene Elemente, die Lewis
Carroll an kleinen Mädchen fasziniert haben: Lebendigkeit, Unschuld
und Schönheit. Diese drei Qualitäten sah er ausschließlich in jungen
Mädchen verwirklicht, die meist fünf bis sechs Jahre alt waren, auf keinen Fall aber älter als 14 Jahre sein durften. Sobald sie in die Pubertät kamen, wurden sie für ihn uninteressant.

Alice Liddell als Bettlermädchen. Foto von Lewis Carroll, 1859

Frederika war Mitte der fünfziger Jahre in diesem Alter, und Carroll war schon früh so von ihr angetan, daß er sie zunächst malte. Nachdem er die Kamera gekauft hatte, machte er bis 1880 von seinen Freundinnen nur noch Fotos. Die Begegnungen waren jetzt nicht mehr zufällig, sondern er plante richtige Sitzungen, zu denen er sie einlud. Nach Frederika gehörten die Kinder des Dekans Liddell sehr bald zu dem ausgewählten

Alice Liddell im Alter von 18 Jahren. Foto von Lewis Carroll, 1870

Kreis von Mädchen, und hier besonders Alice, die mit fünf, sechs Jahren in dem Alter war, das ihn am meisten interessierte. Zwar beschreibt er sie nicht in diesen Lobeshymnen wie noch Frederika, doch ist nicht zu überhören, wie angetan er ist. *Ich verbrachte den Tag im Dekanat, fotografierend, mit wenig Erfolg. Obwohl ich darüber enttäuscht war, die letzte Gelegenheit zu verpassen, zu der ich gute Bilder der ganzen Gesellschaft hätte machen können, war es insgesamt einer der schönsten Tage, die ich jemals dort verbracht habe. Ich hatte Alice und Edith bis 12 bei mir; dann Harry und Ina bis zum frühen Essen um 2, an dem ich teilnahm; und alle vier Kinder am Nachmittag.*[223] Es mag am Verhältnis zu den Eltern, an der Nähe zu ihnen und der Abhängigkeit vor allem vom Vater gelegen haben, daß er sich nur sehr selten direkt über die Liddell-Kinder und über Alice im besonderen äußert. Ihre Treffen jedoch werden stets von Kommentaren wie *der schönste Tag* oder von jener Floskel begleitet, die häufiger auftaucht: *ich markiere den Tag mit einem weißen Stein.* Außerdem kommt seine Zuneigung dadurch zum Ausdruck, daß er Alice immer wieder mit Dingen beschenkt, ihr Gedichte und auch das erste Alice-Buch widmet.

Von 1857 an fotografiert er die Geschwister Liddell häufiger, immer mehr aber auch Alice allein. Dabei entstehen viele beeindruckende Porträts eines kleinen Mädchens, das oft etwas melancholisch und still, seltener etwas verspielt in die Welt schaut. Faszinierend sind die Aufnahmen vor allem dann, wenn Carroll mit dem Bild experimentiert, wie zum Beispiel bei jenem eigentümlichen Porträt, das den Anschein erweckt, als springe das Mädchen aus dem Schlafzimmerfenster im ersten Stock in die Tiefe. Nicht ohne Grund hat man dieses Bild zwischen Illusion und Wirklichkeit als Carrolls Vorgriff auf die Experimente der Surrealisten bezeichnet. Doch die Fototermine mit Alice Liddell werden dadurch getrübt, daß die Mutter ihnen nur widerwillig zustimmt. Von Anfang an gibt es deshalb ein gewisses Mißtrauen, Carroll schränkt seine Besuche im Dekanat und bei den Kindern ein, nimmt sie nach einer gewissen Zeit jedoch wieder auf. 1863, als Alice elf Jahre alt ist, kommt es zum Bruch zwischen Carroll und der Familie Liddell. Trotzdem machte Carroll sein letztes Bild von Alice, als diese 18 Jahre alt war – auf Bitten der Mutter.[224]

Es ist viel über die Gründe für diesen Bruch spekuliert worden. Einige Biographen haben behauptet, Carroll sei in Alice verliebt gewesen und hätte gehofft, sie zu heiraten. Bis in die jüngst erschienene umfangreiche Biographie von Morton N. Cohen wird diese Behauptung wiederholt, ohne daß der Autor jedoch wirklich stichhaltige Belege dafür vorlegen könnte. Aufgrund von verschollen geglaubten Notizen, die 1996 aufgefunden wurden, hat Karoline Leach sogar die Frage aufgeworfen, ob der Kontakt zur Liddell-Familie womöglich deshalb abgebrochen sei, weil sich eine Liebesbeziehung nicht mit Alice, sondern mit Ina, der ältesten Tochter der Familie, angebahnt habe. Andere verweisen demgegenüber auf das überwiegend Platonische der Beziehungen. Auch Anne Clark, die sich am intensivsten mit der «realen Alice» beschäftigt hat, kann dazu nichts Klärendes beitragen.[225] Vermutlich werden sich viele dieser Fragen niemals beantworten lassen, da die meisten Quellen, die Aufschluß geben könnten, verschollen sind oder bewußt beseitigt wurden.

Alice Jane Donkin («Die Flucht»). Foto von Lewis Carroll, 1862

Alices Mutter hat ihre Tochter gezwungen, alle Briefe von Lewis Carroll zu vernichten, und Carrolls Tagebücher sind lückenhaft überliefert: Es fehlen zwei Bände, und aus den noch vorhandenen wurden Seiten herausgetrennt. Fest steht jedoch, daß die Beziehung Carrolls zu den Liddell-Mädchen im allgemeinen und zu Alice insbesondere schon zu ihrer Zeit viele Phantasien ausgelöst hat, die alle in irgendeiner Weise sexualisiert waren. Wenn er schon nicht an den Mädchen interessiert sei, dann – so wurde Carroll unterstellt – müßte er wenigstens in die Gouvernante verliebt gewesen sein.[226]

Nach dem endgültigen Bruch mit der Familie hat Carroll nur noch wenig Kontakt zu Alice. 1867 notiert er enttäuscht in sein Tagebuch, Alice habe sich verändert, aber gewiß nicht zum besseren.[227] Zur Geburt ihres Sohnes hatte er ihr noch einmal geschrieben und dabei bedauert, daß sie keine Tochter zur Welt gebracht hatte. Nachdem er sie um das Original von *Alice im Wunderland* gebeten hatte, verwischen sich die Spuren.

Verführungen

Ob aus Enttäuschung über Alice, eine ihrer Schwestern oder aus anderen Gründen, jedenfalls widmet sich Lewis Carroll ab Anfang der sechziger Jahre immer intensiver seinen zahlreichen anderen kleinen Freundinnen. Er bemüht sich um möglichst viele Fototermine. «In gewisser Weise», schreibt seine Biographin Anne Clark, «sammelte er kleine Mädchen so begierig wie andere Leute Antiquitäten oder Erstausgaben sammeln.»[228] Und in der Tat ist die Liste der Mädchen lang, mit denen Carroll zumindest kurz Kontakt gehabt hat. Die Namen der meisten notierte er akribisch in seinen Heften. In seinem Tagebuch für das Jahr 1863 hat er auf den Rückseiten der Blätter 61 bis 65 allein die Namen von 102 Mädchen notiert, nach Vornamen alphabetisch aufgelistet. Hinter vielen Namen erscheinen die Daten der Fotoaufnahmen.[229] In seinen Tagebüchern und Briefen werden diese Begegnungen ausführlich geschildert. Betrachtet man diese Beschreibungen im Überblick, dann wird deutlich, daß die Treffen alle ganz ähnlich abgelaufen sein müssen: Lewis Carroll macht zunächst auf sich aufmerksam, indem er kleine Geschenke offeriert, eigens für ein Mädchen geschriebene Nonsense-Gedichte vorträgt oder seine Fotos zeigt. Nach dieser in Varianten immer wiederkehrenden Verführungssituation versucht er sehr schnell die Mädchen zu überreden, ihn zu besuchen, damit er ihnen mehr Fotos zeigen oder Aufnahmen von ihnen machen kann.

Während er in den späten fünfziger und in den sechziger Jahren in der Regel zunächst Kinder aus dem näheren Kollegen- oder Bekanntenkreis fotografiert – etwa die Liddell-Kinder oder die Mädchen seines guten Freundes, des Schriftstellers George MacDonald –, spricht er immer häufiger auch fremde Mädchen an, die er zufällig trifft. Über die Kinder und Nichten von MacDonald registriert er 1863 noch ganz nüchtern, geradezu buchhalterisch: *Ich habe einige weitere Fotos gemacht: Ich habe jetzt alle MacDonalds fotografiert, ihre Nichte Nelly, Mr. Maurice und drei Kinder, die sie brachten.*[230] Selbst Jahre später, am 11. Mai 1872, bleibt der Ton in einem seiner Briefe an Mary MacDonald vergleichsweise sachlich: *Mein Foto-Studio oben über meinen Zimmern ist jetzt fertig, und ich mache fast jeden Tag Bilder. Wenn Du kommst, bring Dein schönstes Theaterkostüm mit, und ich mache Dir ein fabelhaftes Bild.*[231]

Ganz anders und sehr viel direkter ist der Ton dort, wo er die Eltern

Lewis Carroll mit Mrs. MacDonald und ihren vier Töchtern, 1862. Carroll hat dieses Bild arrangiert und mit Hilfe eines Assistenten aufgenommen.

der Mädchen nicht oder kaum kennt. Sein Blick wird zudem eindeutiger. In seiner ästhetischen Sexualisierung sucht er nach seinen imaginären Idealen in der Wirklichkeit. So vermerkt er beispielsweise in seinem Tagebuch: *Ich verbrachte ungefähr eine halbe Stunde mit den Mädchen, die so charmant wie immer waren.* (4. Januar 1877) *[...] eines der schönsten Mädchen, die ich jemals gesehen habe – im Gesicht und in der Figur: Ich muß eine Gelegenheit finden, sie zu fotografieren.* (13. Januar 1877)[232] *[...] und ein nettes kleines Mädchen, etwa 10, (Barbara), der ich einige Puzzles zeigte: ein angenehmes Kind, obwohl sie nicht sehr aufgeweckt ist. Aber am Abend habe ich am Pier mit dem aufgewecktesten und dem wohl schönsten Kind Freundschaft geschlossen, das ich bis jetzt gesehen habe – «Dolly» (Edith Rose Blakemore), etwa fünf Jahre alt [...] ihr Gesicht erinnert mich an Bassie Slatter als Kind und ihre Augen glänzen sprichwörtlich.* (20. August 1877) Bedenkt man, daß es sich hier um junge Mädchen handelt, die in der Regel höchstens zehn Jahre alt sind, dann steht die von Carroll verwandte Sprache, die eher an eine sich anbahnende Liebesbeziehung erinnert, dazu im merkwürdigen Kontrast.

Die Mädchen, welchen Carroll Mitte der siebziger Jahre besondere Aufmerksamkeit widmete, waren vor allem Agnes Hull, Mary Mac-Donald, Isa Bowman, Xie Kitchin und Gertrude Chataway. Von ihnen schwärmt er in den höchsten Tönen, mit ihnen unternimmt er immer wie-

Agnes Hughes. Foto von Lewis Carroll, 1863

der Ausflüge, geht mit ihnen in Ausstellungen und ins Theater. Bei der Beschreibung von Bildern, die sie gemeinsam sehen, oder von Theaterstücken geht er meist nur auf die jungen Modelle oder die weiblichen Hauptfiguren ein, der Inhalt der Theaterstücke oder Kunstwerke mit anderen Themen interessieren ihn wenig.

Die Mädchen lernt er stets auf die gleiche Weise kennen: Wenn er ihnen nicht zufällig begegnet, so trifft er sie oft auf seinen Spaziergängen, die er gezielt darauf ausrichtet. Deshalb lenkt er seine Schritte in Parks oder zu Spielplätzen, wo er Kinder vermutet, oder – wenn er in den Ferien ist – an den Strand oder auf die Promenade. Er verführt die Mädchen gleichsam, indem er sich auf ihre Ebene begibt, sie durch seine Phantasie, seine Begabung, Geschichten zu erzählen, fasziniert. Und immer wieder zeigt er ihnen seine Fotos und Bücher. Da er viele der Mädchen im Urlaub kennenlernte oder sie in einer anderen Stadt wohnten, folgte auf die erste Bekanntschaft meist eine große Anzahl von Briefen, für die er berühmt wurde. In ihnen mischen sich Verführung und der Versuch, den Kontakt aufrechtzuerhalten.

An Agnes Hull, deren Großvater mit Lewis Carrolls Vater in Westminster war, hat er einige seiner schönsten Kinderbriefe geschrieben. Bei allem Reiz, bei allem überraschenden Nonsense sind diese Briefe jedoch voller Ambivalenzen und Widersprüche. Sie nehmen – wie kaum andere – Fragen von Kindern nach der Welt und den Dingen in ihr auf. In der Haltung gegenüber den Empfängerinnen sind sie jedoch von einer untergründigen Sexualisierung, die einer Erwachsenenperspektive entstammt und wenig mit dem realen Alter der Adressatinnen zu tun hat. So finden sich kurz hintereinander die wundersamsten Rätsel, welche jene Grenzen in Frage stellen, die wir schon bei *Alice im Wunderland* entdeckt haben, und Passagen ganz anderer Art: In den frühen Briefen an Agnes Hull wirbt er noch um sie, versucht sie zu interessieren und zu locken: *Meine liebe Agnes, endlich ist es mir gelungen, Dich zu vergessen! Es ist sehr anstrengend gewesen, aber ich habe 6 «Vergessensnachhilfestunden» genommen, die Stunde zu einer halben Krone. [...] Ich vergaß, wer ich war, ich vergaß zu essen. Und bis jetzt habe ich völlig vergessen, den Mann zu bezahlen. Ich will Dir seine Adresse geben, da Du vielleicht gern Stunden bei ihm nehmen möchtest, um mich zu vergessen. [...] Ach! Kind, Kind! warum bist Du nie in Oxford gewesen, um Dich fotografieren zu lassen? Erst vor einer Woche habe ich ein erstklassiges Bild aufgenommen, doch da mußte die Person, die mir saß (ein kleines Mädchen von zehn) eine und eine halbe Minute stillsitzen, das Licht ist jetzt so schwach. Doch wenn Du jemanden dazu kriegst, der Dich herüberbringt, könnte ich von Dir eins machen, sogar jetzt.* (Brief vom 10. Dezember 1877)[233] Der Brief wechselt häufig zwischen Nonsense und bitterem Ernst, zwischen Abwehr (Vergessen) und Verlangen. Später, nachdem seine Sehnsucht ungestillt geblieben ist, verwandelt sich sein Begehren in Träume und Wünsche, die er als Botschaft an die Mädchen weiterreicht. Die Sprache hält die Verbindung und die Hoffnung aufrecht: *[...] und dann, an den Tagen, wo Du einfach so hereingeschneit kommst (ich glaube, ich sehe es Dich schon tun!), bloß um Deinen Spaß mit meinen Büchern oder Fotografien oder meiner Spieldose zu haben, während ich mit meiner Arbeit fortfahre, doch trotzdem ein Auge auf Dich habe, damit Du mir kein Unheil anrichtest – schön und gut, dann hab ich nichts dagegen, wenn Du ein paar Zeilen darin liest, mit einem Auge, während Dein anderes Auge die ganze Zeit in Dankbarkeit mir entgegenstrahlt.* (Brief vom 30. April 1881)[234]

Hier kommt die ambivalente Haltung Carrolls zum Ausdruck: Einerseits hält sein realer Umgang mit jungen Mädchen die kindliche Ebene der Märchen und Wunder aufrecht, in die er sich selbst sehr gerne begibt, auf der anderen Seite spiegeln die Briefe seine Phantasien über und seine Projektionen in Mädchen wider, die gleichsam als Geliebte imaginiert. Ihr reales Alter stellt dabei quasi einen Schutz dar gegenüber der verdrängten bzw. nicht erfüllten Sexualität, die als Beziehung zwischen Erwachsenen in Lewis Carrolls Leben niemals eine Rolle gespielt hat.

Wie brüchig diese Konstruktionen zeitlebens geblieben sind, zeigt sich in seinen Briefen dort, wo er über seine Vorstellungen von Kindern schreibt und sich immer wieder gezwungen sieht, seine Beziehungen zu definieren und zu rechtfertigen. *Es ist reizend für mich,* schreibt er 1881 an die Mutter von Marion Richards, *von ihr so geliebt zu werden, wie Kinder lieben: obwohl mich viele Erfahrungen gelehrt haben, daß es wenig Dinge in der Welt gibt, die so flüchtig sind wie die kindliche Liebe. [...] Sie sprechen darüber, daß ich in Marions innere Natur geschaut und dabei gesehen hätte, wer sie wirklich ist: Nun, ich glaube, ich habe das nicht getan, bis jetzt. Wir sind ausgezeichnete Freunde, aber ich glaube nicht, daß sie mich bisher als einen so intimen Freund ansieht, dem sie ihr ganzes Innerstes offenbart. [...] Ich bin bei allem nicht sicher, ob Marion und ich jemals eine solche Intimität erreichen werden. [...] Ihr Brief vermittelt das traurige Bild von Marions täglicher Enttäuschung, wenn sie den leeren Briefkasten sieht und von meinem plötzlichen (und unerwünschten) Aufstieg zum «treulosen Liebhaber». Ich hoffe künftig auf einen besseren Rang aufzusteigen – dem des «treulosen Freundes».* (Brief vom 23. November 1881)[235] In seinem Tagebuch beschreibt er Marion Richards einfach als *attraktiv.* Während ihrer Besuche bei ihm hat er sie mehrfach gezeichnet. Deutlich spielt Carroll in dem Brief an die Mutter mit den verschiedenen Projektionen, die das Bild des Freundes und des Liebhabers auslösen. Auch wenn Carroll sich selbstironisch gibt, zeigt die Häufigkeit, mit der er das Thema anschlägt, daß er sich gerne als mehr denn nur als Freund sehen würde – zumindest potentiell. Nur vor dem Hintergrund dieser Rollendiffusion sind die zahlreichen Briefe zu verstehen, in denen er sich geradezu gekränkt zeigt, wenn seine Freundinnen nicht schnell genug auf seine Schreiben antworten oder auf seine Angebote eingehen: *Na, Du bist ja wahrhaftig eine kühle junge Dame! Nachdem Du mich diese ganzen Monate auf eine Antwort hast warten lassen, schreibst Du seelenruhig über ein anderes Thema, als ob nichts passiert wäre! Ich schrieb, oder habe geschrieben [...] zuletzt am 26. Januar und habe Dir ein Exemplar der deutschen Ausgabe der «Alice» angeboten. Nun die Tage vergingen – und die Nächte auch [...].* (Brief an Mary MacDonald, 15. März 1869)[236] Oder wenn seine Beziehung durch «andere» oder durch die «Umstände» gestört wird: *O Du schlimmes, schlimmes, böses, freches kleines Mädchen! Du hast vergessen, eine Marke auf Deinen Brief zu kleben, und Dein armer alter Onkel mußte zwo Pennies bezahlen! [...] Wer in aller Welt sind denn «alle», die mir außer Dir ihre «Küsse und Liebe» schicken? Hast Du Dir nicht vielleicht vorgestellt, Du wärst daheim und schicktest Grüße [...] von Nellie und Emsie, ohne daß sie Dir irgendwelche aufgetragen haben? Es ist keine gescheite Idee, Grüße zu schicken, die kein Mensch aufgetragen hat.* (Brief an Isa Bowman, 30. August 1890) [237] Die beiden Ebenen der Ambivalenz lassen sich allerdings dort noch weniger auseinanderhalten, wo er mit Hilfe seiner Kamera einen unverkennbar sexualisierten Blick auf seine Freundinnen geworfen hat.

«Naked as usual»

Gertrude Chataway hatte Lewis Carroll im Urlaub an der See kennengelernt. Dort hatte er sich als liebenswerter, leicht skurriler Nachbar erwiesen, der so spannend phantastische Geschichten zu erzählen wußte. In einem der wenigen Zeugnisse, das aus der Perspektive der Mädchen stammt, beschreibt Gertrude Chataway sehr detailliert ihre erste Begegnung mit Lewis Carroll: « […] und nebenan war ein alter Herr – auf mich wirkte er jedenfalls alt –, der mich sehr interessierte. Er kam auf den Balkon neben uns und sog die Seeluft ein, indem er dabei seinen Kopf nach hinten warf. […] Ich erinnere mich, daß ich – immer wenn ich seinen Schritt hörte – nach draußen flog, um ihn zu sehen, und als er mich eines Tages ansprach, war ich begeistert. So wurden wir Freunde. […] Wie alle Kinder liebte ich Märchen und Wunderdinge, und seine Fähigkeiten, Geschichten zu erzählen, faszinierten mich. Wir saßen oft Stunden auf den Holzstufen, die von unserem Garten zum Strand führten, während er die schönsten Märchen erzählte, die man sich vorstellen kann. Oft illustrierte er die spannendsten Situationen mit einem Bleistift. […] Seine lebhafte Vorstellungskraft sprang von einem Punkt zum nächsten, ohne jemals überprüfen zu müssen, ob die Geschichten wahrscheinlich waren.» [238]

Was den Mädchen zunächst als harmlose Episode mit einem netten alten Herrn erschien, erweist sich bei genauerem Hinschauen noch als etwas ganz anderes: Das Begehren soll durch Sprache auf einer imaginären Ebene festgehalten werden. Auf diese Weise ist es zwar nicht zu befriedigen, es bleibt aber lebendig, der Kontakt reißt nicht ab. *Meine liebe Gertrude, erkläre mir mal, wie ich in Sandown meinen Spaß haben soll ohne Dich. Wie kann ich am Strand allein spazierengehen? Wie kann ich allein auf unserer Holztreppe sitzen? Du siehst also, da ich's ohne Dich nicht schaffe, wirst Du wohl kommen müssen. Wenn Violet kommt, will ich sie bitten, daß sie Dich zu sich einlädt, und dann werde ich im Heather-Bell herüberkommen und Dich holen. […] Ich schicke Dir sieben Küsse (die eine Woche reichen werden) und verbleibe Dein Dich liebender Freund Lewis Carroll.* (Brief vom 21. Juli 1876) [239]

Doch das, was sich hier verbal als Wunsch nach Küssen, vielleicht sogar körperlicher Nähe ausdrückt, bleibt auf den Blick beschränkt. Der Blick durch die Kamera und die Verbindung über die gemeinsamen

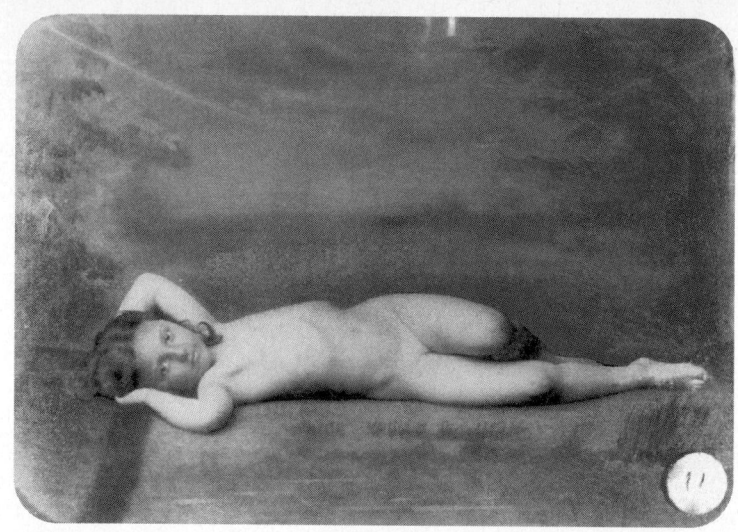

Evelyn Maud Hatch. Foto von Lewis Carroll, 1879

Phantasien, die als inszenierte Bilder gleichsam auch durch den Blick ausgerichtet sind, bilden den Kern der Beziehung. Die ambivalenten Seiten dieses Blicks treffen sich in den inszenierten Fotos, die er von den meisten seiner Freundinnen gemacht hat. Doch seit den siebziger Jahren nimmt er nicht mehr nur Porträts auf, sondern sein Interesse richtet sich darauf, die Mädchen in «natürlicher Unschuld» abzulichten. Danach strebt er zum Teil auch ganz offen gegenüber den Eltern: *Wenn Sie sich entschließen könnten,* schreibt er am 28. Juni 1876 an die Mutter von Gertrude Chataway (parallel zu den Briefen an ihre Tochter), *mir Gertrude zu schicken und nicht selbst zu kommen, wären Sie dann so freundlich, mir mitzuteilen, wieviel Kleidung sie wenigstens anhaben müßte? [...] bei einem Kind wie Gertrude, als schlichte Eva im Garten Eden, hätte ich keine Bedenken (vorausgesetzt sie möchte es selbst), sie in Evas Original-Kleid zu fotografieren. Und ich glaube, wenn Sie kommen könnten und die Fotografien sehen würden, die ich von Kindern in diesem einfachen Kostüm gemacht habe, würden Sie mir sicher zustimmen, daß es gut möglich ist, solch ein Bild zu machen, das Sie rahmen und in Ihrem Bilder-Zimmer aufhängen würden.*[240] Im Oktober desselben Jahres, nachdem er die Aufnahmen machen konnte, sichert er sich noch einmal ab: *Wenn ich Abzüge von ihnen behalte, taucht die nächste Frage auf, darf ich sie jedem zeigen? Meine eigene Vorstellung ist, daß ich sie zu den anderen tun werde, die ich in ähnlicher Weise gemacht habe (einige mit noch weniger Kleidung), und dann würden sie nur zu besonderen Gelegenheiten und besonderen Freunden gezeigt werden.* (Brief vom 28. Oktober 1876)[241]

Auf diese Weise hat Lewis Carroll zwischen etwa 1867 und 1880 eine große Anzahl von Fotos aufgenommen, auf denen er die Mädchen in der Tradition der Präraffaeliten inszenierte: als Feen, Nymphen, in exotischen Kostümen oder im Nachthemd – und immer häufiger auch ganz nackt *(with nothing)*. Wie viele Aktaufnahmen entstanden sind, läßt sich nicht mehr eindeutig feststellen, weil viele Spuren nachträglich bewußt getilgt wurden.[242] So finden sich in der publizierten Ausgabe seiner Tagebücher nur wenige verkürzten Hinweise auf Carrolls Passion. Der Herausgeber hat hier ohne nähere Hinweise gezielt gekürzt. Das Original enthält dagegen sehr viel ausführlichere Notizen zu diesem Thema, allerdings sind auch hier einzelne Stellen retuschiert oder eingeschwärzt worden. Gerade aus den Tagebüchern der späten siebziger Jahre, der Zeit, in der sich Carroll sehr intensiv mit der Fotografie beschäftigt hat, sind ganze Seiten herausgerissen. Carrolls Nichten, Violet und Menella Dodgson, haben zwischen 1940 und den späten sechziger Jahren das Tagebuch verwahrt und offenbar – wie aus handschriftlichen Notizen hervorgeht – einen genauen Plan ausgearbeitet, welche Seiten zu entfernen seien und an welchen Stellen der Text unkenntlich gemacht werden sollte.

Jene Passagen in den Tagebüchern Carrolls, die sich trotz versuchter Tilgung noch lesen lassen, zeigen deutlich, welch hohen Stellenwert diese Art der Fotografie für ihn gehabt hat. Immer wieder notiert er in seiner peniblen Handschrift Bemerkungen wie diese: *Mrs. L. brachte Beatrice, und ich machte ein Bild von ihnen beiden; und zahlreiche von Beatrice allein, «sans habilement».* (Tagebuch, 21. Mai 1867) *Am 18. brachte er [Holiday] Xie Kitchin zum Fotografieren, und ich machte einige Bilder, in voller Größe, wie sie auf dem Sofa liegt in einem langen Nachthemd, das ich arrangiert hatte – das beste, das ich jemals von ihr gemacht habe.* (Tagebuch, 22. Juni 1874) *Mrs. Henderson brachte Annie und Frances. Ich hatte Mrs. H. davor gewarnt, denn ich hielt die Kinder für zu nervös, und ich hätte es nicht gewagt, sie danach zu fragen, ob ich sie ohne alles [bare feet] aufnehmen könnte, und ich war angenehm überrascht, daß sie für jede Art von Nacktheit bereit waren, und es schien ihnen zu gefallen, daß es erlaubt war, nackt herumzulaufen. Es war ein besonderer Vorzug, so ein Modell wie Annie zu haben: ein sehr schönes Gesicht und eine gute Figur [...].* (Tagebuch, 18. Juli 1879) Dazwischen finden sich immer wieder kurze Eintragungen, wie *ihre Lieblingsbekleidung, «nichts», nackt wie gewöhnlich, angezogen als Prinzessin, nackt* usw.

Ende der siebziger Jahre scheint sein ganzes Tun und Trachten dem Fotografieren gegolten zu haben. Folgt man den Tagebüchern allein, könnte man zu der Ansicht gelangen, er habe in dieser Zeit nichts anderes unternommen, auch keine Arbeit gehabt. Auch seine Wohnung wird ganz von der neuen Technik beherrscht. Gertrude Thomson, eine eng-

Xie Kitchin. Foto von Lewis Carroll, 1875

lische Malerin, trifft ihn mehrmals in den Jahren 1878/79. Als eine der wenigen Erwachsenen ist sie bei einer ganzen Reihe seiner Fototermine zugegen und gibt eine detaillierte Beschreibung seiner Räume und seines Ateliers: «Sein Foto-Studio auf dem Dach des Colleges war ein großer Raum, der mit allen möglichen Requisiten, Kostümen usw. vollgestellt war. Er zog die Kinder mit verschiedenartigen, ganz seltsamen Kostümen an und ‹nahm› sie in allen möglichen Posen auf; Pausen für Erfrischungen und Spiele waren sehr häufig. Die Schränke mit den Zauberdingen wurden geöffnet, und dort kam eine wundersame Prozession zum Vorschein: mechanische Bären und Ringer, Kaninchen, Affen und andere wunderbare und reizende Tiere. Wir setzten uns zusammen auf den Fußboden, Lewis Carroll, die Feen, die Tiere und ich, und die Stunden, die wir so verbrachten, waren sehr lustig. Wie sein Lachen klang – wie das eines Kindes! [...] Ich fuhr für einen Tag nach Oxford, um Aufnahmen zu machen oder für ihn Porträts von seinen Freundinnen anzufertigen. Die Kinder mußten nach Hause, manchmal schon nach dem Mittagessen.»[243] Gertrude Thomson führt ihm in dieser Zeit auch mehrere Modelle zu, von denen er Aufnahmen macht – Nacktaufnahmen zunächst, dann Porträts.[244] Mit der Malerin verband ihn die Begeisterung für Feen und Nymphen, die auf ihren Bildern häufig ebenfalls nackt erscheinen. Nur auf dieser Ebene konnte er die erwachsene Frau in seiner Nähe akzeptieren. Nachdem er das Fotografieren aufgegeben hatte, fertigte sie für ihn auch Skizzen und Zeichnungen junger Mädchen. Im Dialog und in den Briefen mit ihr und einigen anderen Künstlern äußert er sich erstaunlich offen über seine Vorstellungen. Angesichts einiger ihrer Zeichnungen schreibt er Gertrude Thomson 1893: *In dem Bild «Gartenlaube» weist das ältere Kind sicherlich die Formen eines Mädchens auf? Es ist nicht leicht, das mit einer Dame zu diskutieren, vielleicht jedoch mit einer Künstlerin, denn ich muß es erwähnen, ohne jemandem zu nahe treten zu wollen, daß die Brüste die eines Mädchens, nicht eines Jungen sind. [...] Wenn sie das Haar noch etwas voller machen würden, und die Hände und Knöchel etwas feiner, dann würde es ein wunderschönes Mädchen. Wenn Sie nichts dagegen haben, hätte ich am liebsten alle diese Feen. Denn ich muß gestehen, daß ich keine nackten Jungen auf Bildern mag. Sie alle wirken auf mich so, als bräuchten sie Kleidung: während man kaum verstehen kann, warum die lieblichen Formen eines Mädchens überhaupt bedeckt werden sollten.*[245]

Ganz ähnlich hatte er sich schon früher dem Illustrator von *Sylvie & Bruno*, Harry Furniss, gegenüber geäußert: *Was Sylvie betrifft, bin ich von Ihrer Idee sehr angetan, sie weiß anzuziehen: Das entspricht genau meinen Vorstellungen von ihr: Ich möchte, daß sie eine Art Verkörperung*

Die Malerin
Gertrude Thomson

der Reinheit wird. [...] Und ich glaube, weiße Satin-Schuhe wären besser als schwarze. Auch glaube ich, wir sollten es wagen, ihr Feen-Kleid transparent zu machen.[246]

Reinheit und Unschuld, das sind die wichtigsten Aspekte in seiner Beschreibung. Beides wird verwirkt, wenn die Mädchen ein bestimmtes Alter überschritten haben, dann läßt er sehr schnell von ihnen ab. Besonders verhängnisvoll für ihn ist dies dann, wenn er sich im Alter der Mädchen verschätzt. So hat er in einem Fall ein Mädchen geküßt, nicht wissend, daß es bereits 17 Jahre alt war. Diese Fehleinschätzung hat ihn danach noch lange beschäftigt.[247] Nicht nur hält Lewis Carroll durch die Fixierung auf ganz junge Mädchen am kindlichen Alter fest, sein eigener Status als Erwachsener braucht dadurch ebenfalls nicht angetastet zu werden. Solange die Reinheit auf diese Weise jedoch garantiert wird, scheint sein Blick ungetrübt. Das hebt er auch hervor, wenn er die Mädchen beschreibt. *Ich habe hier [in Sandown], Lily Gray. [...] Sie ist 5, ein reizendes und schönes Kind, und eines der süßesten Kinder, das ich kenne [...] und sie ist so vollkommen einfach und unschuldig, daß es völlig egal ist, ob sie ganz angezogen ist oder ganz nackt aufgenommen wird.*[248] In seiner Schilderung tauchen die Mädchen nicht mehr als lebendige Wesen auf, sondern wie Dinge, wie Bilder, in denen ihr Körper rein und unschuldig festgeschrieben scheint. Sein eigener Anteil beschränkt sich auf die Inszenierung der Nacktheit oder des Kostüms, wodurch sich eine imaginäre Verbindung zwischen dem Maler/Fotografen und dem Modell herstellt. Doch die Nacktheit ist nur bei gleichzeitiger Wahrung der Distanz akzeptabel, eine größere als über die Kamera mögliche Nähe stellt er nicht her. Die Sexualität scheint ausgeschlossen zu werden, sie erscheint im Bild gebändigt[249], und doch werden die Mädchen als Foto zu seinem (sexualisierten) Besitz. Er hat sie erobert, er sammelt und konserviert sie als stillgestellte Bilder. Die Identität der Mädchen wird letztlich damit zerstört. «Der nackte Körper [...] stellte in den Augen von Carroll nichts anderes als den reinen und einfachen Körper als Abbild dar.»[250]

Diese Art des Mißbrauchs, der sich auf das Sehen reduziert, vereinnahmt und benutzt gleichwohl sein Objekt.[251] Der vermeintliche Gewinn, das Spiel mit dem Objekt, ist aber real nicht zu befriedigen und führt so zu immer neuen Eroberungen. Das treibt Carroll an, läßt ihn süchtig nach immer weiteren Mädchen suchen, ohne jemals wirklich Befriedigung zu finden. James R. Kincaid spricht in diesem Zusammenhang von einer Spaltung zwischen dem wirklichen und dem imaginierten («falschen») Kind, das mit den Kodierungen der Erwachsenen belegt ist. Lewis Carroll identifiziert sich als Erzähler wie als Fotograf mit dem wirklichen, reinen Kind, damit er um so mehr mit dem inszenierten Kind spielen kann.[252] In diesem Sinn treffen sich Alice und die kleinen Freundinnen von Carroll: Auf der imaginären Ebene sind sie keine Kinder mehr, sondern von Carroll imaginierte kleine Erwachsene, denen das in einer phantastischen Welt lebende «Kind» gegenübersteht.

Viele der Mädchen wurden von ihren Müttern selbst zu den Fototerminen gebracht. Auch wenn er die Mädchen meist allein fotografiert hat, ließ Carroll die Mütter selten über die Art der Fotos im unklaren, die er machen wollte. Häufig hat er, wie etwa bei der Mutter von Gertrude Chataway, erst um Erlaubnis nachgesucht. Warum sich so viele Mütter dazu bereitgefunden haben, ihre Kinder zu Fototerminen in das Atelier auf dem Dach des Christ Church College zu bringen, darüber kann man nur spekulieren, da keine schriftlichen Zeugnisse überliefert sind. Es mag durchaus Fälle gegeben haben, bei denen es den Müttern vor allem um die vermeintliche Karriere ihrer Tochter ging, die durch Fotos hätte gefördert werden können, wie Stündel meint.[253] Vieles mag auch Naivität gewesen sein, weil manche Mütter Carrolls Glorifizierung der kindlichen Liebe naiv Glauben geschenkt haben. Beide Momente und die ganz spezifische viktorianische Mischung zwischen Prüderie und Sexualisierung dürften eine nicht unwesentliche Rolle bei der Entscheidung der Mütter gespielt haben. In einer Gesellschaft, in der Sexualität bis hin zu den Details tabuiert ist, gleichzeitig der Körper aber eine große Bedeutung erlangt, dürfte das Interesse für die «Schönheit» der kleinen Töchter nicht unerheblich zur narzißtischen Bestätigung der Mütter beigetragen haben.

Der Fotograf in der Krise

Dennoch ist gerade in diesem Punkt ein dunkler Schatten auf Lewis Carrolls Hobby gefallen, der schließlich dazu geführt hat, daß der Autor der Alice-Bücher das Fotografieren ganz aufgab. Noch am 15. Juli 1880 heißt es in seinem Tagebuch ganz lapidar: *Gertrude und Gerida Drage kamen um 3, und ich verbrachte zwei Stunden damit, sie zu fotografieren, dann habe ich die Bilder entwickelt, fixiert usw. bis 7.*[254] Nach diesem Datum findet sich in allen Tagebüchern bis zu seinem Lebensende keine einzige Eintragung mehr über Fotos, die er selbst gemacht hätte.

Über die Gründe für diesen unvermittelten Abbruch einer Beschäftigung, die für Lewis Carroll einen so außerordentlich hohen Stellenwert gehabt hat, ist viel spekuliert worden. Einige Autoren haben behauptet, es sei lediglich aus Zeitmangel geschehen, andere haben auf die unmittelbar bevorstehende Hochzeit der wirklichen Alice hingewiesen, von der Carroll gewußt hat. Weitere Biographen haben vorgebracht, in der Zwischenzeit sei die Fotografie nicht mehr so neu gewesen und könne daher für Carroll an Reiz verloren haben. All diese Gründe reichen aber nicht aus, ein derart plötzliches Ende einer Tätigkeit zu begründen, die so stark libidinös besetzt war.

Mit letzter Sicherheit läßt sich über die wahren Motive nichts sagen. Auffällig jedoch ist, daß Carroll zu einem Zeitpunkt die Fotografie aufgibt, zu dem er gerade eine ganze Serie von Aufnahmen nackter kleiner Mädchen gemacht hat. In seinen Tagebüchern finden sich besonders in den Jahren 1878 bis 1880 eine große Anzahl von Notizen zu den Fotos. Dies ist im übrigen auch der Zeitraum, in dem am häufigsten nachträglich in die Tagebücher durch Einschwärzung oder das Herausreißen von Seiten eingegriffen wurde. Jedoch schon in der Zeit davor waren Carrolls Interesse für kleine Mädchen und seine Begeisterung, sie zu fotografieren, nicht immer auf Beifall gestoßen. Schon die Mutter der Liddell-Mädchen war nach einiger Zeit gegenüber Carroll sehr reserviert gewesen und hatte die Treffen des Tutors vom Christ Church College mit ihren Töchtern erfolgreich zu verhindern gewußt. Auch mit den Hull-Kindern, die Ende der siebziger Jahre eine große Rolle gespielt haben, hatte es eine derartige Krise gegeben.[255] Während es hier jedoch noch um Treffen oder um gegenseitige Besuche ging, häuften sich die Abbrüche wegen der Nacktfotos. Carroll deutet diesen Zusammenhang indirekt in einem Brief an Harry Furniss an: *Ich wünschte mir, ich könnte es ohne jede Bekleidung wagen. Nackte Kinder sind so wunderbar rein und reizend, aber «Mrs. Grundy» würde wütend sein – es würde niemals gehen. [...] Sie müssen im Auge behalten, das die Arbeit ja zum Anschauen ist, nicht nur von den Kindern, sondern auch von deren Müttern: und einige Mütter sind ganz besonders eigen [...].*[256]

Eine dieser ganz besonders «eigenen» Mütter war Mrs. A. L. Mayhew, die Frau des Hebräisch-Lektors am Wadham College in Oxford. Auch ihre Kinder wollte Lewis Carroll gerne fotografieren. «Meine Mutter», erinnert sich Margaret Mayhew, die älteste Tochter, «hatte keine Einwände dagegen, daß meine jüngste Schwester, damals ungefähr fünf oder sechs, nackt oder in spärlicher Kleidung fotografiert wurde [...], aber als sie um Erlaubnis gefragt wurde, die ältere Schwester, die damals vermutlich etwa elf war, in ähnlicher Weise aufzunehmen, war meine Mutter ganz im strengen Sinne der viktorianischen Moral schockiert und lehnte die Bitte ab. Mr. Dodgson war beleidigt und die Freundschaft ging damit zu Ende.»[257] Dabei hatte sich der Oxforder Tutor sehr intensiv um diese Beziehung bemüht und in langen Briefen seine Absichten begründet. Ein knappes Jahr vor dem Abbruch seines Hobbys geschrieben, sind diese Ausführungen gleichzeitig ein Dokument dafür, wie er die Fotografie gesehen hat: *Ich bin ein Amateur-Fotograf mit einer tiefen Bewunderung für die Form, besonders für die menschliche Form, die ich für die schönste Sache halte, die Gott auf Erden geschaffen hat, und die ich immer dann wenn ich eine Chance dafür bekomme, fotografiere. [...] Nun ist ihre Ethel schön, sowohl in den Gesichtszügen als auch in den Formen, und sie ist auch ein wunderbar einfaches Naturkind. [...] Deshalb möchte ich sie bescheiden fragen, ob Sie die drei Mädchen vorbeibringen könnten und*

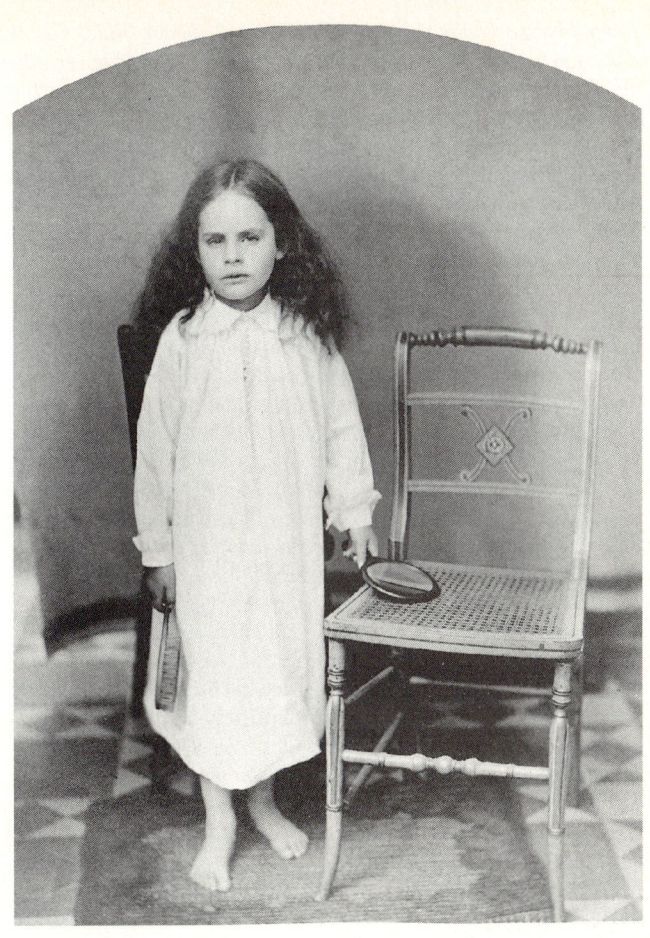

Irene MacDonald. Foto von Lewis Carroll, 1863

mir erlauben würden, einige Gruppenbilder zu versuchen [...] ohne Bekleidung oder Vortäuschung davon.[258] Auch Mr. Mayhew, seinen Kollegen in Oxford, versucht er zu überzeugen, wie *charmant die Kinder in Badebekleidung* aussähen und *wie viel schöner sie ganz ohne ausschauen* würden.[259] Trotz dieser Offenheit kommt es dennoch zum Konflikt. Carrolls Briefe werden eindringlicher. *Ich hoffe, Sie halten mich nicht für wunderlich, wenn ich sage, ich hätte kein Vergnügen daran, diese Art Bilder zu machen, nun da ich weiß, daß ich* ~~nicht für fähig gehalten werde~~ *dieses Privileg* ~~mit Ausnahme~~ *nur unter der Bedingung bekomme, daß eine*

Anstandsdame dabei ist. Ich werde keine weiteren Bilder von Ihren Kindern machen, es sei denn sie sind ganz angezogen: Bitte verzeihen sie mir den ganzen Ärger, den ich Ihnen verursacht habe.[260] Als es schließlich im Juni 1879 zum Bruch kommt, schwingt auch Resignation mit: *Aber was ich auf so unglückliche Weise gelernt habe, ist daß Sie Ihre Anwesenheit für unerläßlich halten, was dasselbe bedeutet wie «Ich kann Ihnen nicht trauen». Das hat mir das ganze Vergnügen genommen, das ich haben könnte, wenn ich solche Art Bilder mache, und damit überhaupt meine Lust, sie nochmals in irgendeiner Weise zu fotografieren.*[261]

Viele andere Andeutungen weisen darauf hin, daß es diese Art Konflikte häufiger gegeben hat. Einige Monate später hört er ganz mit dem Fotografieren auf und verlegt sich fortan auf das Malen von Kindern. Doch sein Talent ist hier eher bescheiden.[262] Gelegentlich bemüht er sich darum, daß andere für ihn solche Bilder malen, aber ohne Erfolg. Lediglich Gertrude Thomson und Furniss haben nach seinen Wünschen Bilder von unbekleideten Mädchen, Feen oder Nymphen angefertigt.[263] Doch blieb dies eher ein Ersatz. Von Aktbildern ist jedoch ab 1880 nur noch einmal die Rede – allerdings mit deutlich schlechtem Gewissen. *Ich war an diesem Tag in der Stadt [London]. Ging in die Studios von Mrs. Shute in Chelsea, da sie mit Ada Frost (einem Modell von 14 […]) ausgemacht hatte, daß ich kommen und sie auch malen könnte. Es war eine ganz neue Erfahrung – die einzigen [zwei, d. Hg.] Studien von nackten Kindern, zu denen ich jemals Gelegenheit hatte […].*[264] Anders als bei den Fotografien muß er diese Studien jeweils vor sich rechtfertigen – ähnlich vielleicht wie kurz vor dem Ende seiner fotografischen Arbeiten: *Ich glaube, daß ein Beobachter wirklich nach der Sünde suchen müßte, wenn er andere Gefühle ihr [dem Modell] gegenüber unterstellt, als einfach der Sinn für Schönheit, so als ob man eine Statue anschaut.*[265] Ob aus schlechtem Gewissen oder nicht, in jedem Fall scheint sich ein Besuch im Studio in dieser Form wiederholt zu haben.

Unverändert hält Lewis Carroll dagegen auch nach Ende seines fotografischen Schaffens an seiner alten Gewohnheit fest, sich häufig mit kleinen Mädchen zu treffen, sie gelegentlich (angezogen) zu malen, ihnen Spiele zu zeigen und immer öfter auch mit ihnen ins Theater zu gehen. *Ich lieh mir Marion für ein oder zwei Stunden am Nachmittag aus und versuchte sie zu zeichnen. Sie saß dafür auf dem Sofa, barfuß, so wie auf einem Felsen.*[266] Diese Art der Inszenierung findet sich in dieser Zeit häufiger. Wichtiger als sie zu malen, war es für ihn jedoch, weiterhin in Gesellschaft und in Kontakt mit ihnen zu bleiben. Eine gute Woche nachdem er versucht hatte, Marion zu malen, ging er beispielsweise mit ihr abends ins Marionetten-Theater und sah mit ihr unter anderem eine Pantomime nach «Die Schöne und das Biest».

Das Arrangement der Verführung bleibt dabei ganz ähnlich wie bei der Fotografie. Entweder er geht zielgerichtet zum Strand oder auf Spiel-

at Regina House, Sandown.
June 26. 1874.

Zeichnung von Lewis Carroll, 1874

plätze, wo er Kinder vermutet, oder die Kontakte ergeben sich zufällig. Stets hat er Puzzle, Rätsel oder auch eines seiner Bücher bei sich, mit Hilfe derer er trotz seiner Sprachhemmung schnell Kontakte schließt. *Im Zug auf dem Weg zurück habe ich mich mit einem netten kleinen Mädchen von etwa 15 Jahren angefreundet [...], die auf dem Weg zur Schule in Eastbourne war. Ich gab ihr meine Karte und versprach ihr ein Puzzle aus Draht.*[267] Darüber hinaus setzte er auch weiterhin seine Fähigkeit ein, Geschichten aus dem Stegreif zu erfinden. Durch solche Zufälle lernte er auch seine Lieblingsfreundin der neunziger Jahre, Enid Steven, in Oxford kennen.

Auffallend bei all diesen Begegnungen – ob sie nun im Studio über die Kamera vermittelt oder in der Wirklichkeit des Eisenbahnabteils stattfanden – ist, daß die Grenzen zwischen Realität und Imaginärem verschwimmen: Bilder und Menschen werden von ihm stets medial vermittelt beschrieben – wie eine *Statue*, die ebenso stillgestellt ist wie das Foto. Vor diesem Hintergrund ist auch seine ausgeprägte Begeisterung für das Theater zu verstehen, in dem sich die Inszenierung quasi verdoppelt.[268] Er hat in der Phantasie häufig sehr konkrete Vorstellungen davon, wie ein Stück gespielt werden müßte und vor allem wie die Hauptdarstellerin auszusehen hat. Schon in den fünfziger Jahren schwärmte er für die Schauspielerin Ellen Terry, die er als Neunjährige zum ersten Mal sah und für die er ein eigenes Theaterstück schreiben wollte, das freilich niemals vollendet wurde.[269] Mit mehr Erfolg hat er dagegen eine dramatisierte Fassung beider Alice-Bücher verfaßt, die 1886 uraufgeführt und einige Jahre lang jeweils ausschließlich zur Weihnachtszeit gespielt wurde. Carrolls Hauptinteresse richtete sich dabei auf die Besetzung der Hauptrolle. Ähnlich wie bei der Fotografie inszenierte er gleichsam die jungen Mädchen auch im Theater.

Die zwei Leben

Zuerst sah ich ein paar Falten, dann blickte ich durch ein Teleskop und sah, daß es eine Miene war; dann blickte ich durch ein Mikroskop und fand, daß es ein Gesicht war! Ich glaubte, es sähe mir ziemlich ähnlich, also holte ich einen großen Spiegel, um sicherzugehen, und dann fand ich zu meiner großen Freude, daß ich es selbst war. Wir schüttelten uns die Hand und wollten uns gerade unterhalten, da kam mein Ich herbei und gesellte sich zu uns, und wir unterhielten uns recht angenehm miteinander [...] und wer, glaubst Du, hat uns zum Bahnhof gebracht? [...] Es waren zwei sehr liebe Freunde von mir, die zufällig auch jetzt gerade bei mir sind und darum bitten, diesen Brief herzlichst als Deine Freunde unterzeichnen zu dürfen, Lewis Carroll und C. L. Dodgson.[270] Selten hat Charles Lutwidge Dodgson alias Lewis Carroll so deutlich wie hier mit seiner doppelten Existenz gespielt. Zwar hat sie ihn zeit seines Lebens beschäftigt, nach außen hin versuchte er aber in der Regel, eindeutig zwischen seinem offiziellen Leben im Christ Church College und dem als Fotograf und Erzähler phantastischer Geschichten zu trennen. Dennoch spielen Spaltungen und deren Überwindung durch den Versuch, vorhandene Grenzen zu ignorieren, eine zentrale Rolle in seinem Leben: die Spaltung seiner Identität und das Vernachlässigen der Generationsgrenzen; die Spaltung zwischen realen Mädchen und den imaginären; die Spaltung zwischen Realität und Phantasie und das Ignorieren des Objektcharakters seiner Modelle und die Inszenierung von Wirklichkeit. Man könnte sein ganzes Leben auch als Suche nach diesen Brüchen begreifen, als Bemühung, sie zu überwinden, in den Spiegel zu blicken, um sich selbst zu sehen und zu begreifen. Dennoch gelingt es ihm nicht, die Spaltungen zu überbrücken. Obwohl er durch Teleskop, Mikroskop und in den Spiegel blickt, bleiben am Schluß des Briefes zwei getrennte «Freunde», die auf merkwürdige Weise auch wiederum vom Briefschreiber geschieden sind – eine doppelte Identität, die bis zu seinem Lebensende unüberwindbar bestehen bleibt. Im Inneren muß dies Chaos und Angst produzieren, das zeigen seine Briefe und seine Tagebücher ganz deutlich. Immer wieder beschreibt er ausführlich seine Neugierde, seine Suche nach neuen Begegnungen mit kleinen Mädchen oder mit phantastischen Abenteuern. Demgegenüber stehen jedoch – meist noch auf der gleichen Tagebuchseite oder gar unter demselben Datum – Notizen, Gebete und Bekundungen, die auf sein schlechtes Gewissen, auf seine Versuche, sich der viktorianischen Moral (welche für ihn identisch ist mit der Moral der Kirche) anzupassen und unterzuordnen. Der Diskurs, den er in seinen Büchern führt oder den er über seine Fotos herstellt, dient genau der inneren Ordnung dieses Chaos; in Sprache und Bildern stellt er das still, was er befürchtet: Beziehungen, Nähe, Sexualität. Das zeigen vor allem die Aktfotos der jungen Mädchen, in denen Sexualität zwar stets präsent ist, in denen sie aber gleichzeitig kontrolliert und starr wirkt – wie tot. Nur so scheinen jene ausgegrenzten Bereiche erträglich. Auch in den Büchern selbst ist der Tod gegenwärtig, wird Alice – und mit ihr jegliche Abweichung von der Norm – zumindest von ihm bedroht. Dazu gehören die Rufe – *Kopf ab* – der Herzkönigin ebenso wie Alices beiläufige Erzählungen über ihre Katze angesichts der Maus und des Vogels. So hat der Umgang mit dem Triebhaften, Bedrohlichen etwas sehr Radikales und Absolutes.

Besonders in bezug auf Wünsche und Triebe spielt das Sehen eine herausragende Rolle, wie Reichert u. a. nachgewiesen hat.[271] Von diesem Sinn ausgehend sind die Carrollschen Erzählungen geschrieben, und mit ihm allein wendet er sich den Objekten zu, die er fotografiert. Hierfür stehen die Alice-Erzählungen paradigmatisch. Während alles andere in Bewegung ist – Alices Hände und Beine, ihr ganzer Körper –, ist das Auge einem Fotoapparat gleich unbeweglich und beobachtet das (triebhafte) Tun. Zugleich ist ein voyeuristisches Moment die Antriebskraft für den Fortgang der Geschichten: Alices Neugierde, alles sehen zu wollen, hinter alle Geheimnisse zu kommen. Nach einer Analyse der Tagebücher Carrolls/Dodgsons setzt Reichert deshalb das Auge mit dem Ich Carrolls gleich: «Es ist das Ich, das ihm beim Schreiben der Tagebücher die Hand führte und vor dem er sich immer wieder in den Unsinn zu retten suchte.»[272] Ganz ähnlich starr richtet sich auch der Blick Carrolls durch den fotografischen Apparat auf die inszenierte Verführung und Nacktheit in seinem Atelier. Das Ich bzw. das Auge wird so zu einer Art Kontrollinstanz, welche immer wieder Teile des Selbst, die sich den strengen Normen widersetzen, oder das Alter ego zu beherrschen sucht, indem sie diese quasi von außen betrachtet und überwindet. Dieser Kontrolle entziehen sich nicht nur die Figuren in den Erzählungen dadurch, daß sie sich ständig wandeln, sondern auch die Person Charles L. Dodgsons selbst, indem er seine Identität wechselt und peinlichst vermeidet, sein jeweils anderes Ich offenzulegen. Forscht man genauer nach den möglichen Wurzeln dieser Desintegration, dann stößt man zunächst auf die lustvolle Überschreitung von Verboten, auf das voyeuristische Ausleben der Neugierde und auf deren Kontrolle. Der Konflikt zwischen beiden wird durch die Spaltung des Ich weitgehend neutralisiert.

Sowohl die beobachtete Desintegration als auch das voyeuristische

Moment sind Elemente, die genuin zur viktorianischen Gesellschaft gehören. Immer wieder taucht in der Literatur der Zeit die Figur des Doppelgängers auf, die genau jene Widersprüchlichkeit zwischen den Erwartungen der Gesellschaft und dem wahren wie dem imaginierten Selbstbild ausdrückt. Besonders markant geschieht dies bei Oscar Wilde in «Das Bildnis des Dorian Gray»[273], jenem Roman, der die Suche nach dem eigenen Bild ebenso beschreibt wie den gleichzeitigen Schrecken davor – auch dies ein zentrales Thema bei Carroll.

Dieser Widerspruch läßt sich verstehen aus dem Konflikt zwischen Sichtbarkeit und Wirklichkeit, der im Bürgertum an Schärfe gewinnt. Mit der allmählichen Auflösung der alten feudalen Gesellschaft, in der per Geburt der soziale Ort des einzelnen festgeschrieben war, wurden das Bild, die Darstellung und die Erscheinung immer bedeutsamer. Hieraus erklärt sich, warum es für die Bürger so wichtig wird, sich mit sich selbst zu beschäftigen und sich in Szene zu setzen.

Der visuelle Sinn, der seit der Entstehung der bürgerlichen Gesellschaft immer mehr aufgewertet wurde, wird nach der Erfindung technischer Mittel zu seiner Verstärkung – insbesondere der Fotografie – zu dem dominierenden Sinn der Moderne.[274] Über ihn vermitteln sich das Innen und das Außen des Menschen. Damit wird jedoch immer weniger unterscheidbar, was Realität und was Phantasie oder Projektion ist. Das Sehen erweist sich als ein Sinn, der eine neugierige, aber distanzierte Annäherung erlaubt und das Innere letztlich intakt läßt, es nicht in Frage stellt. Vor dem Hintergrund der körperlichen Desintegration und Isolierung einzelner Sinne bedeutet das ebenfalls eine Entfremdung gegenüber gelebter Erfahrung, welche sich nur noch reduziert über das Auge vermittelt.

Dies zeigt sich vor allem im Bereich der Sexualität, die seit dem 18. Jahrhundert starken Restriktionen ausgesetzt ist.[275] Viele sexuelle Tabus erweisen sich aber im Kern als eine weitgehende Sexualisierung des Körpers in all seinen Bereichen, wie zum Beispiel Michel Foucault gezeigt hat.[276] Sittenstrenge und Überschreitung gehören eng zusammen, sie treffen sich in einer besonderen Ausprägung des Sehens: dem Voyeurismus. So werden einerseits Körper und Sexualität immer zentraleren Überwachungsmechanismen unterworfen, andererseits vollzieht sich Sexualität entweder im intimen Rahmen der Ehe oder aber als Überschreitung im öffentlichen Raum, die nur für Männer erlaubt ist. Die sprichwörtliche doppelte Moral des Bürgertums bedeutet die Tabuierung von Sexualität und gleichzeitig ihre Reduktion auf das Auge. Der Blick fetischisiert den Körper und stellt ihn damit still. In den Mittelpunkt rücken jetzt die Inszenierung des weiblichen Körpers, seine Darstellung als lebendiges Tableau.[277] Die Domestizierung des Körpers vollendet sich schließlich in seiner Erstarrung als Fetisch.[278] Denn im Sinne der Psychoanalyse dient der Fetischismus der Kontrolle und der Machtausübung mit Hilfe des visuellen Sinns gegenüber dem fetischisierten Objekt. Der innere Konflikt, die Angst vor Trieben und Sexualität wird in der Inszenierung veräußerlicht und dort gebannt.[279]

So steht es nicht im Widerspruch zur vermeintlich so prüden viktorianischen Zeit in England, daß die im Untergrund verkaufte Pornographie außerordentlich zunimmt, besonders ab etwa 1860.[280] Der Fetischismus, der seine besondere Bedeutung im 19. Jahrhundert erhalten hat, und das Sehen gehören historisch und psychodynamisch sehr eng zusammen. Erst mit der Aufwertung des visuellen Sinns und der Fixierung auf den Körper kann der Konflikt zwischen Neugier und Verbot entstehen. Denn der Blick voyeuristischer Männer auf den weiblichen Körper erinnert an die Wißbegier des Jungen gegenüber dem weiblichen Körper, der zugleich eine Bedrohung bedeutet, weil er den Geschlechtsunterschied offenbart oder zumindest offenbaren könnte. Zur Minderung der Angst versucht der kleine Junge, Macht über das bedrohliche Objekt zu erlangen, indem er es sexualisiert und idealisiert. Sexualisierung in diesem Kontext verstanden bedeutet aber nicht die lustvolle Erotisierung des Körpers, sondern vielmehr eine Form der Angstvermeidung – Angst vor übermäßigen Trieben und vor der Zerstörung körperlicher Integrität.[281]

Vor diesem psychosozialen Hintergrund ist die Beziehung vieler bürgerlicher Männer im 19. Jahrhundert zu Frauen und insbesondere zu jungen Mädchen zu sehen. Unter dem Druck der herrschenden Sexualmoral wandelt sich mit der bürgerlichen Gesellschaft das Bild von Männern und Frauen. Frauen erscheinen im offiziellen Diskurs nicht mehr als untergeordnete Wesen, sondern mehr als Personen mit gänzlich anderen Eigenschaften. Hieraus entspringt das Konzept von den scharf umrissenen Rollen von Männern und Frauen, die seit der Aufklärung eindeutig als Geschlechtsrollen wahrgenommen und damit sexualisiert werden. Diese Zuschreibung macht, da sie stark mit gesellschaftlichen Erwartungen und Tabus verbunden ist, in hohen Maße angst. Deshalb ist es um so verständlicher, daß die Geschlechtsdifferenz nivelliert werden soll, um die Angst zu minimieren. Aus diesem Grunde finden wir gerade im 19. Jahrhundert verbreitet die Faszination für noch nicht geschlechtsreife kleine Mädchen.

Schriftsteller wie Charles Dickens oder Edgar Allan Poe haben sich ebenso wie Lewis Carroll in besonderem Maße für Kinder interessiert. Durch die Fetischisierung ihrer «unschuldigen und reinen» Körper werden Kinder nicht nur zu Objekten gemacht, sondern der weibliche Körper – und damit Sexualität – wird in ihnen gleichsam stillgestellt und der Geschlechtsunterschied negiert.[282] Diese Strukturen lassen sich allesamt aus der unsicheren Identität erklären, welche zur Spaltung des Selbst führt. Unter dem Druck sehr ausgeprägter, bei Carroll auch stark religiös gebundener Normen bleibt als Ausweg gegenüber den unlösbaren Konflikten zwischen individuellen Wünschen und gesellschaftlichen Erwartungen nur eine Trennung zwischen dem realen Leben und den Phanta-

Das «Alice in Wonderland Memorial» im Central Park,
New York, gestiftet 1959

sien: die Ich-Zerrissenheit, das Doppelleben Carrolls, die aus der Zeit
und seiner Biographie erklärbar wird. Eine Verbindung zwischen beiden
Leben ergibt sich erst in der Verlagerung des Konflikts nach außen, in
der Fetischisierung des kindlichen weiblichen Körpers, den er idealisiert
und damit aber zugleich symbolisch tötet, weil er ihm die Lebendigkeit
nimmt.

Ihren Sinn erhält diese Struktur vor dem Hintergrund der wohlsituier-
ten bürgerlichen Familie, in die er hineingeboren wurde und die seit Generationen in der ländlichen englischen Provinz ansässig war. Hier war
die Welt nach unverrückbaren Ordnungsprinzipien eingeteilt und zugleich erstarrt. Carroll wuchs in einer Familie auf, in der die weiblichen

Mitglieder eine sehr wichtige Rolle spielten, während der Vater in seinem Beruf aufging und wenig real, vor allen Dingen auch wenig emotional[283] präsent war. Lewis Carrolls Position blieb dadurch unsicher, zumal er es mit zwei älteren Schwestern zu tun hatte und in seinem ersten Lebensjahr, in einer Phase wachsender Neugierde quasi als Konkurrenz eine kleinere Schwester bekam, die sein Interesse weckte, deren Anwesenheit ihn aber gleichzeitig zwang, frühzeitig erwachsen zu werden. Die sorgende und behütende Mutter richtete ihre Aufmerksamkeit wieder auf ein anderes weibliches Wesen, was den ältesten – für eine gewisse Zeit verwöhnten – Sohn frustrieren und den unbewußten Haß auf Mutter wie Schwestern schüren mußte. Gleichzeitig gibt es zumindest Anhaltspunkte dafür, daß Charles auch umgekehrt für seine Schwestern und für seine Mutter Objekt der Neugierde war. Als quasi exotisches Wesen in einer weiblichen Welt wurde er schon früh zu einem Kind, das auch die visuelle Lust seiner Umgebung reizte – eine Lust, die er in der Wiederholung dann selbst im Mißbrauch kleiner Mädchen auslebt. Psychoanalytisch betrachtet lassen sich seine spätere Entwicklung, seine Labilität, sein Stottern, seine Schüchternheit und sein voyeuristisches «Benutzen» von Mädchen aus dem ungelösten ödipalen Konflikt erklären. Denn seine «weibliche» Umgebung bot ihm wenig Identifikationsmöglichkeiten für die Herausbildung der eigenen Geschlechtsrolle und machte ihn letztlich zu einem «neutralen» Wesen, das seine Wünsche und Phantasien nicht ausleben konnte.

Seine voyeuristischen Tendenzen, die im Blick auf die unbekannte Schwester bereits angelegt waren, sind hierin ebenso begründet wie das jeweilige Kaschieren seiner Identität. Denn der durch die Kamera neutralisierte Blick auf junge Mädchen und das Ausleben der Neugierde im Wunderland sind jeweils mit massiven Verboten belegt, sexuelle Lust selbst könnte womöglich sichtbar werden. Mit der Abspaltung einzelner Anteile und der Verwischung der jeweiligen Spuren ist der damit verbundene Konflikt jedoch teilweise entschärft. Man könnte also sagen, bei Carroll dient das Sehen der Sublimierung und damit Neutralisierung sexueller Lust, zugleich hat der visuelle Sinn jedoch auch die Funktion, ein falsches Bild vom wahren Selbst zu entwerfen. Im Rahmen seiner Erzählungen erfährt Carroll später durch die Belebung toter Objekte bzw. das Vermenschlichen von Tieren seine eigene verschüttete Lebendigkeit.

In dieser familiären Situation entstand das, was sich auch in den Alice-Bänden immer wieder zeigt: das Gefühl, von den Erwachsenen (= Eltern) verraten worden zu sein.[284] Ein Verrat, der nach allem, was wir wissen, weniger in realen Mißhandlungen bestand, denn in der psychisch vielleicht noch gravierenderen Überforderung, sehr früh «unkindliche» Erwartungen erfüllen zu sollen, einhergehend mit massiver sexueller Unterdrückung.[285] Zwischen den Erwartungen der Eltern und den Möglichkeiten, die Charles selbst besaß, entstand auf diese Weise eine unsichere

Struktur, die Chaos und Angst bei dem Sohn auslöste und keine Stabilität bedeuten konnte. So hatte er nur wenige Chancen, wirklich ein Gefühl für sich, ein stabiles Selbstbild entwickeln zu können.[286] Daraus erklären sich seine lebenslange psychische Labilität, sein massives Stottern, das er nur in Gegenwart von Kindern ablegen konnte, seine Schlaflosigkeit und seine Migräne.

In seinem Alltag im Christ Church College hatte Lewis Carroll immer wieder Schwierigkeiten mit Menschen: ob dies nun sein Unterricht war, der nur wenig Resonanz fand, seine eigenbrötlerische Art zu leben und sein oft schroffer Umgang mit Erwachsenen oder schließlich seine rechthaberische Haltung gegenüber anderen, von denen er meinte, sie müßten seinen Vorstellungen folgen. In den Tagebüchern tauchen diese Momente immer wieder als Bedrohung von außen auf, als Unmöglichkeit, sich der Welt zu öffnen, vielleicht auch mitzuteilen. An einigen Stellen gibt es auch Andeutungen über Selbstmordabsichten, die aber als Gedanken oder Notiz bestehen bleiben und die er nicht in die Tat umzusetzen versuchte.[287] So könnte man seinen ausgeprägten Ordnungssinn, seine Pedanterie und Korrektheit vor allem als Versuch verstehen, die ihm chaotisch erscheinende Welt zu ordnen und für sich begreifbar zu machen.

Ganz im Gegensatz dazu scheinen zunächst seine ausgeprägte Neigung zu stehen, voller Phantasie Briefe zu schreiben, und seine Möglichkeiten, sich auf junge Mädchen einzulassen. Sowohl im Schreiben als auch im Umgang mit Kindern im Alter bis etwa zehn Jahre legte er all seine Schüchternheit und seine Sprachstörungen ab. Wie schwierig es ist, Dinge zu benennen, eigene Wünsche zu äußern und damit etwas für sich in Anspruch zu nehmen, das hatte er in der Kindheit erfahren, besonders unter dem Zwang, früh erwachsen werden zu müssen und gleichzeitig keine wirkliche Geschlechtsidentität ausbilden zu können. In Briefen und in den Nonsense-Texten, die er selber gestaltete, und im Umgang mit Mädchen, wo er sowohl Alters- als auch Geschlechtergrenzen negieren konnte, war es ihm dagegen möglich, sich zu artikulieren. Es war vielleicht seine einzige Möglichkeit, überhaupt Sprache zu benutzen und, darüber hinaus, über sie Identität zu erlangen: Solange ich spreche, Briefe schreibe oder Nonsense-Dichtungen erfinde, bin ich – jedenfalls weitgehend – gegen Verführungen der Erwachsenen gefeit. In ähnlicher Weise könnte man auch die inszenierten Bilder als Versuche begreifen, ein menschliches Gegenüber zu schaffen, das als Spiegel gleichsam das eigene Ich bestätigt.

Nachdem er ab 1880 das Fotografieren aufgegeben und in den neunziger Jahren auch immer weniger Begegnungen mit jungen Mädchen hatte, zog sich Lewis Carroll mehr und mehr zurück, er war in sich gekehrt und depressiv, selbst Briefe an ihn gingen häufig ungeöffnet zurück. Die alltägliche Einsamkeit, die sonst auch vorhanden war, konnte er an seinem Lebensende nicht mehr kompensieren. Zwar war er erst Mitte Sechzig,

Lewis Carroll. Dieses postume Porträt von Sir Hubert von Herkomer nach einem der letzten Fotos hängt in der Great Hall von Christ Church.

doch der Tod beschäftigte ihn in zunehmendem Maße: *Es wird immer schwerer,* schreibt er 1896 an seine Schwestern, *sich zu erinnern, welcher der Freunde noch lebt und wer schon «in das Land der großen Verstorbenen, in das stille Land» gegangen ist [...] manchmal denke ich, wie wunderbar es wäre, wenn man sagen könnte «Der Tod ist nun vorbei, dieser Erfahrung sieht man nicht wieder entgegen».*[288]

Kurz vor Weihnachten des Jahres 1897 fährt er wie jedes Jahr von Oxford zu seinen Schwestern nach Guildford. Da er oft in seinen Räumen im Christ Church College Heizung spart, ist er auch in diesem Winter erkältet. Über Neujahr verschlechtert sich sein Zustand, er bekommt eine Bronchitis und Fieber. Lewis Carroll scheint zu diesem Zeitpunkt bereits sein nahes Ende geahnt zu haben, denn er läßt sich von seinen Schwestern noch einige Gedichte vorlesen, die er besonders liebt. Am frühen Nachmittag des 14. Januar 1898 stirbt er schließlich im Haus der Familie. Unter den Trauergästen ist vielleicht die einzige erwachsene Frau, die eine gewisse Nähe zu Lewis Carroll haben durfte: die Malerin Gertrude Thomson, die ihre Eindrücke später aufgeschrieben hat: «Schweigend stiegen einige Trauernde langsam hügelan, während sie vor sich auf einer einfachen Totenbahre einen Sarg trugen, der teilweise von Blumen bedeckt war. Unter der alten Eibe, um deren knorrigen Stamm sich grüner Efeu rankte, wurde sein Körper im reinen, weißen Kalkboden zur Ruhe gebettet, während die Glocke zum Abschied läutete ‹Der schönsten Seele, die je mit Menschenaugen sah.›»[289] Verklärung oder weiterhin auch in der Erinnerung zwei Seiten eines widersprüchlichen und gespalteten Lebens?

Auf dem Sockel seines Grabes auf dem Friedhof in Guildford steht «Rev. Charles Lutwidge Dodgson» und in Klammern darunter «(Lewis Carroll)» – ein Doppelleben bis in den Tod.

Anmerkungen

Folgende Werke werden mit Siglen zitiert:
AS = Alice hinter den Spiegeln, Frankfurt a. M. 1974
AW = Alice im Wunderland. Frankfurt a. M. 1973
BL = Florence Becker Lennon: The Life of Lewis Carroll. New York 1972
BM = Briefe an kleine Mädchen. Frankfurt a. M. 1976
Collingwood = Stuart Dodgson Collingwood: The Life and Letters of Lewis Carroll. London 1899
CW = The Complete Works. London 1988
D = The Diaries of Lewis Carroll. Westport Conn. ²1971
Gattégno I = Jean Gattégno: L'univers de Lewis Carroll. Paris 1970
Gattégno II = Jean Gattégno: Lewis Carroll, une vie. Paris 1974
Hudson = Derek Hudson: Lewis Carroll. An Illustrated Biography. London 1982
L = The Letters of Lewis Carroll. 2 Bde. New York 1979
P & P = Lewis Carroll: Poesie & Possen. Siegen 1981
Phan. = Lewis Carroll: Phantasmagorie. Siegen 1980
S = Die Jagd nach dem Schnark. Frankfurt a. M. 1968
S & B = Sylvie & Bruno. Eine Historie. Ins Deutsche übertragen von Michael Walter. Frankfurt a. M. 1980

1 Im Text wird meist der Name Lewis Carroll für beide Seiten von Dodgsons Identität gebraucht, weil er der bekanntere ist und um Verwirrung zu vermeiden. Nur dort, wo es inhaltlich Sinn hat, wird der Geburtsname des Autors benutzt.
2 Häufig wird Lewis Carroll in den vorliegenden Studien auf nur eine Dimension seines Schaffens reduziert, meist auf die Autorschaft von «Alice im Wunderland» und der anderen Erzählungen, oder nur als genialer Fotograf gesehen.
3 Vgl. Der Spiegel Nr. 11 (1992)
4 Vgl. The Guardian, 27. 7. 1992
5 Vgl. Hudson, S. 39; Gattégno II, S. 176
6 Vgl. Collingwood, S. 11
7 Vgl. Hudson, S. 34 ff.; Dieter Stündel: Charles Lutwidge Dodgson alias Lewis Carroll. Poet zwischen Mathematik und Fotokunst. Siegen 1982, S. 11 ff.
8 Collingwood, S. 12
9 Vgl. Hudson, S. 39; Gattégno II, S. 176
10 Collingwood, S. 8
11 Collingwood, S. 13 f.
12 Phyllis Greenacre: Swift and Carroll. A Psychoanalytic Study of Two Lives. New York 1955, bes. S. 20 ff.
13 Im Original bei Hudson, S. 38; hier in der Übersetzung von Dieter Stündel, a. a. O., S. 16
14 CW, S. 958 f.

15 Vgl. zu dieser Symptomatik etwa: Annemarie Dührssen: Psychogene Erkrankungen bei Kindern und Jugendlichen. Göttingen [10]1974, S. 287 ff.

16 So ist etwa verbürgt, daß kein Familienmitglied vor dem Tod der Eltern geheiratet hat. Das gilt sowohl für die Generation von Charles als auch für die vorhergehende. Das hat häufig, wie im Falle von Lewis Carroll selbst, dazu geführt, daß die Betreffenden dann gar nicht geheiratet haben.

17 Henri Parisot: Lewis Carroll. Paris [6]1969, S. 10 ff.; BL, S. 210

18 Hudson, S. 44

19 Wolfgang Schivelbusch: Geschichte der Eisenbahnreise. Zur Industrialisierung von Raum und Zeit im 19. Jahrhundert. München 1977

20 Vgl. z. B. Anne Clark: Lewis Carroll. A Biography. London u. a. 1979, S. 16 f.

21 L, Bd. I, S. 5, unter Verwendung der Übersetzung von D. Stündel, a. a. O., S. 33 f.

22 L, Bd. I, S. 5

23 Dieter Stündels Interpretation mag zwar richtig sein, wonach Lewis Carroll sich in der Schule durchsetzte, ihn aber in die Nähe eines «Raufboldes» zu rücken, dafür gibt es in den überlieferten Quellen keinerlei Anzeichen. Es widerspräche auch insgesamt seiner ansonsten erkennbaren Persönlichkeit. Vgl. hierzu auch Collingwood, S. 23 ff.

24 D, S. 13, unter Verwendung der Übersetzung von Dieter Stündel, a. a. O., S. 39

25 Vgl. Greenacre, a. a. O., S. 128

26 Vgl. Collingwood, S. 26 ff.; Clark, a. a. O., S. 40 ff.; BL, S. 40 ff.

27 Vgl. Hudson, S. 53

28 Nicht in D, angeführt bei Collingwood, S. 30

29 Vgl. Brief an seine Schwester Elizabeth vom 24. 5. 1849, L Bd. I, S. 8 ff.

30 Seine englischen Biographen vermuten, daß er in der Zwischenzeit in Croft gelebt, für sich und mit Hilfe seines Vaters gearbeitet und sich auf sein Studium vorbereitet hat. Genaues weiß man allerdings nicht. Vgl. BL, S. 64; Hudson, S. 58; Collingwood, S. 45 ff.

31 L Bd. I, S. 13

32 Greenacre, a. a. O., S. 137; zur Studienzeit insgesamt vgl. BL, S. 67 ff.; Clark, a. a. O., S. 69 ff.

33 Besonders nachdem er das Stipendium erhalten hatte, zeigte er sich hoch erfreut. Vgl. Collingwood, S. 53 f.; es ist dies einer der wenigen Briefe, in denen sich der Vater seinem Sohn gegenüber positiv äußert.

34 Clark, a. a. O., S. 64

35 Vgl. E. W. G. Bill, J. F. A. Mason: Christ Church and the Reform. Oxford 1970

36 D, S. 166

37 L Bd. I, S. 31, unter Verwendung der Übersetzung von Klaus Reichert (Hg.): Lewis Carroll. Briefe an kleine Mädchen. Frankfurt a. M. 1976

38 Clark, a. a. O., S. 88 f.

39 D, S. 78

40 D, S. 78

41 D, S. 78

42 Vgl. z. B. D, S. 103

43 Zit. in: D, S. 67

44 Zit. bei Stündel, a. a. O., S. 141

45 D, S. 396

46 D, S. 402

47 D, S. 50

48 Vgl. Warren Weaver: The Mathematical Manuscripts of Lewis Carroll. New York, London 1967, S. 278 ff.

49 Gattégno II, S. 147

50 Lewis Carroll: Euclid and His Rivals. New York 1973, S. IX

51 Vgl. Weaver, a. a. O., S. 274 ff.; s. a. Edward Wakeling: The Logic of Lewis Carroll. Oxford 1978

52 Vgl. zu diesem Thema: Gattégno, I, S. 353 ff.

53 Vgl. Clark, a. a. O., S. 200 f.
54 P & P, S. 67
55 D, S. 25; Carroll greift das Thema auch später wieder auf, etwa D, S. 104
56 D, S. 505
57 BM, S. 85 f.
58 BM, S. 74 f.
59 Vgl. z. B. Symbolic Logic, 1896, NA 1977; John Fisher (Hg.): The Magic of Lewis Carroll. London 1973; auf deutsch hat Dieter Stündel eine kleine Sammlung von Rätseln herausgegeben: Lewis Carroll: Carrollogismen. Berlin 1987; s. a. Lewis Carroll: Geschichte mit Knoten. Eine Sammlung mathematischer Rätsel. Frankfurt a. M. 1978
60 Die Faksimiles der einzelnen Kataloge sind zusammengefaßt in: Jeffrey Stern (Hg.): Lewis Carrolls Library. Charlottesville 1981
61 Darunter Werke wie «Education of American Girls», «History of Women», «Women Past and Present», «The Way of Women» usw.
62 Vgl. z. B. D, S. 43
63 Vgl. z. B. L, Bd. I, S. 42
64 Clark, a. a. O., S. 68; vgl. auch Isa Bowman: Lewis Carroll as I knew him. New York 1972, S. 139
65 Z. B. D, S. 273
66 BL, S. 347 ff.
67 D, S. 178
68 Über das Wetter am 4. Juli 1862 gibt es widersprüchliche Aussagen. Einige Berichte sprechen von regnerischem Wetter, andere von herrlichem Sonnenschein. Wie auch immer die Erinnerungen verzerrt sein mögen, stets waren Regen und Gewitter zumindest latent gegenwärtig. Vgl. Hudson, S. 114
69 D, S. 181 f.
70 D, S. 83
71 Zit. in: D, S. 173
72 CW, S. 922. Mit dieser optisch/sprachlichen Form spielt Carroll noch häufiger. Besonders auffällig ist dies im Schlußgedicht von «Alice hinter den Spiegeln», dessen Zeilenanfänge nach unten gelesen den Namen «Alice Pleasance Liddell» ergeben. AS, S. 146
73 AW. S. 28 f.
74 Lewis Carroll: Alice's Adventures Under Ground. Facsimile of the Authors Manuscript Book. London 1886, NA New York 1965
75 Vgl. dazu die Anmerkungen von Roger Lancelyn Green in Carrolls Tagebüchern, D, S. 178; s. a. Gattégno II, S. 46
76 Vgl. Clark, a. a. O., S. 124; zum Entstehungsprozeß von «Alice» vgl. auch: Dies.: The Real Alice. London 1981, S. 89 ff.; Morton N. Cohen: Lewis Carroll. Interviews and Recollections. Houndmills, London 1989, S. 31 ff. Hier finden sich unter anderem auch die Aussagen von Robinson Duckworth, dem Begleiter der kleinen Ausflugsgesellschaft.
77 S. D, S. 181 f.
78 AW, S. 22
79 Vgl. Klaus Reichert: Lewis Carroll. München 1974, S. 74
80 AW, S. 30
81 AW, S. 47
82 AW, S. 105. An dieser Stelle wird die generelle Schwierigkeit der Übersetzung eines Textes deutlich, der so sehr von der Sprache lebt. Enzensbergers Übersetzung, wiewohl an anderen Stellen um größtmögliche Nähe zum Text bemüht, löst sich hier von ihm, um das unübersetzbare englische Wortspiel im Original durch ein ähnliches deutsches zu ersetzen. Im englischen Original geht es zunächst auch um den Weißfisch und seinen Tanz mit dem Hummer, das Thema ist dort aber nicht «Wissen», wie in der deutschen Übersetzung, sondern bezieht sich auf die Erklärung des Greifs, der Weißfisch sei für Schuhe und Stiefel zuständig. *It does the boots*

and shoes. Diese würden auf der Erde mit schwarzer Schuhcreme geputzt, im Meer jedoch mit weißer. Es geht mir hier nicht um Purismus in der Übersetzung, sondern darum, daß in der deutschen Version der Versuch gemacht wird, das für den Text wesentliche Wortspiel zu transponieren und nicht am genauen Wortsinn festzuhalten. Das entscheidende ist das Wörtlich-Nehmen eines Begriffs, der ursprünglich in einem anderen Zusammenhang (man könnte auch sagen, in einer anderen Konvention) stand.

83 AW, S. 105 f.

84 Lewis Carroll: Alice on the Stage, zit. bei Eberhard Kreutzer: Lewis Carroll. München 1984, S. 35 (meine Übersetzung)

85 Vgl. hierzu besonders: Volker Klotz: Das europäische Kunstmärchen. München ²1987; Dieter Petzold: Die englischen Kunstmärchen im 19. Jahrhundert. Tübingen 1981

86 Petzold, a. a. O., S. 225

87 D, S. 117

88 S. Anm. 60

89 S. Hans Ulrich Seeber (Hg.): Englische Literaturgeschichte. Stuttgart 1991, S. 224 ff.; bes. S. 242

90 Seeber, a. a. O., S. 244

91 Vgl. zur viktorianischen Literatur insgesamt: Barbara Hardy: Forms of Feeling in Victorian Fiction. London 1985; Jeremy Hawthorn (Hg.): The Nineteenth-Century British Novel. London 1986; Kate Flint (Hg.): The Victorian Novelist: Social Problems and Social Change. London, New York, Sidney 1987

92 Vgl. z. B. Seeber, a. a. O., S. 260 ff.

93 Vgl. Rolf Hildebrandt: Nonsens-Aspekte der englischen Kinderliteratur. Weinheim 1970

94 Vgl. Hildebrandt, a. a. O., S. 107 ff. Zudem gibt es eine nicht unwichtige Parallele zwischen Lear und Carroll: Sie schrieben beide Teile

ihrer Werke speziell für die Töchter von Freunden bzw. Bekannten.

95 Klotz, a. a. O., S. 285 f., der hier besonders auch die Parallelen zu Dickens' «A Christmas Carol» und «The Chimes» betont.

96 Vgl. Langford Reed: The Life of Lewis Carroll, London 1974, S. 30 f.

97 Vgl. z. B. Jean Paul Martin: Alice chez Polysème. In: L'Herne 17 (1972), S. 56 f.

98 Vgl. z. B. Danuta Zadworna-Fjellestad: Alice's Adventure in Wonderland and Gravity Rainbow. Stockholm 1986; Terry Eagleton: Alice and Anarchy. In: New Blackfairs 53, 629 (1972), S. 447–455; H. B. Doherty: The Genesis of Alice in Wonderland. In: Jabberwocky 3 (1974), S. 18–26

99 AW, S. 98 ff.

100 AW, S. 99

101 AW, S. 100

102 AW, S. 99

103 Vgl. Reichert, a. a. O., S. 40 ff.; Kreutzer, a. a. O., S. 69

104 AW, S. 106

105 AW, S. 106

106 AW, S. 107

107 Dieses scheinbar unwillentliche Schreiben entspricht im übrigen der Schreibweise Carrolls selbst, was uns noch weiter unten beschäftigen wird.

108 Besonders deutlich werden hier die Parallelen zu den satirisch eingesetzten Tiergestalten bei Grandville.

109 Auch in kleineren Werken von Carroll stellt sich immer wieder die Frage nach der sich auflösenden Existenz der Menschen und vor allem ihres Körpers. Zu nennen ist hier vor allem: Lewis Carroll: Die Jagd nach dem Schnark. Frankfurt a. M. 1982.

110 Vgl. z. B. Otto Rank: Der Doppelgänger. In: Jens Malte Fischer:

Psychoanalytische Literaturinter-
pretation. München 1980,
S. 104 ff.

111 AW, S. 76
112 Vgl. hierzu z. B. Greenacre,
a. a. O., S. 172 ff.; Mervyn
Nicholson: Food and Power:
Homer, Carroll, Attwood and
Others. In: Mosaic 20 (1987); Nina
Auerbach: Alice in the Wonderland: A Curious Child. In: Victorian Studies 17 (1973), S. 31–47
113 Vgl. Greenacre, a. a. O.; Gilles
Deleuze: Logique du sens. Paris
1969 (deutsch: Logik des Sinns.
Frankfurt a. M.). Vgl. hierzu
neuerdings auch: Gunnar
Schmidt: Mundarbeiter Lewis
Carroll. Unsinn – Sprechen –
Mundlust. In: Fragmente 46
(1994), S. 115 ff.
114 Kincaid beispielsweise sieht
Alice im Wunderland eindeutig
als einen Weg ins Erwachsenenleben. Hierfür gibt es aber
nicht ausreichend Hinweise;
s. Anm. 249
115 AW, S. 128
116 Vgl. Kapitel 4
117 AW, S. 57
118 AW, S. 44
119 Vgl. hierzu auch: Daniel Bivona:
Desire and Contradiction.
Imperial Visions and Domestic
Debates in Victorian Literature.
Manchester, New York 1989,
S. 57 ff.
120 AW, S. 60
121 AW, S. 122 f. Der Kommunika-
tionstheoretiker Paul Watzlawick
spricht in diesem Zusammenhang
von «logischem Unsinn», vgl.
Paul Watzlawick u. a.: Menschliche Kommunikation. Bern u. a.
²1971
122 AW, S. 123
123 Deleuze, a. a. O.; vgl. auch
Zadworna-Fjellestad, a. a. O.,
S. 36 ff.
124 Deleuze, a. a. O., S. 57 f.
125 Deleuze, a. a. O., S. 48 f.
126 Deleuze, a. a. O., S. 50 f.

127 Alwin L. Baum: Carrolls
‹Alices›: the Semiotics of Paradox. In: American Imago 34
(1977), S. 102 ff.; Gilles Deleuze
verweist in seiner Untersuchung
auf den Unterschied etwa zur
Sprache von Antonin Artaud, der
mit vergleichbaren sprachlichen
Mitteln, aber ganz anderem Ziel
den Sinn im Körper, in den
Passionen und nicht in der
Sprache sucht. Deleuze, a. a. O.,
S. 110 ff.; s. auch: Jean-Michel
Rey: La naissance de la poésie.
Antonin Artaud. Paris 1991; vgl.
hierzu insgesamt: Maurice
Merleau-Ponty: Das Auge und
der Geist. Hamburg 1984
128 Über Carrolls Versuche, die
Wünsche in Sprache umzusetzen,
vgl. Henri Laporte: Alice au pays
des merveilles. Paris 1973
129 Vgl. z. B. dazu: Winfried Noeth:
Literatursemiotische Analyse zu
Lewis Carrolls Alice Büchern.
Tübingen 1980
130 Ulrich Moritz: Alice in der
Eisenbahn. Über Technik und
Phantastik im 19. Jahrhundert. In:
Tilmann Buddensieg, Henning
Rogge (Hg.): Die nützlichen
Künste. Berlin 1981
131 Vgl. D, S. 107 und S. 109
132 S & B, S. 9
133 S & B, S. 9 f.
134 S & B, S. 10; vgl. zu Traum und
Schreiben bei Carroll auch:
Reichert, a. a. O., S. 40 ff.; Elisabeth Lenk: Kritische Phantasie.
München 1986, S. 121 ff.
135 Vgl. dazu Lenk, a. a. O.; Reichert,
a. a. O., S. 45 ff.
136 D, S. 146
137 Vgl. Hudson, S. 114 ff.; Stündel,
a. a. O., S. 128 ff. Als Faksimile
wurde diese Ausgabe bereits
1886 in einer Auflage von
5000 Exemplaren veröffentlicht
und in den achtziger Jahren
unseres Jahrhunderts abermals
aufgelegt.
138 Vgl. D, S. 193

139 L, Bd. I, S. 560 f.
140 Zit. nach Mary Jean St. Clair, in: Vorwort zu: Lewis Carroll: Alice's Adventures Under Ground. Facsimile of the Authors Manuscript Book 1886. London 1985, S. 18
141 9. Mai 1863: *Ich hörte von Mrs. MacDonald über ‹Alice's Adventures Under Ground›, das ich ihnen zum Lesen gegeben hatte, und das sie mir empfahlen zu veröffentlichen.* D, S. 196
142 Wie Alice Hargreaves' Enkelin Mary Jean St. Clair minutiös ausgerechnet hat, in: Vorwort zu: Lewis Carroll. Alice's Adventures Under Ground, a. a. O., S. 13
143 Hudson, S. 118
144 D, S. 210
145 Vgl. hierzu: Michael Patrick Hearn: Alice's Other Parent: John Tenniel as Lewis Carrolls Illustrator. In: American Book Collector 4, 3 (1983) S. 11–20; Clark, a. a. O., S. 133 ff.; Collingwood, S. 97 ff.
146 Vgl. hierzu: Lewis Carroll: A Celebration. Essays on the Occasion of the 150. Anniversary of the Birth of Charles Lutwidge Dodgson. New York 1982, S. 62
147 Vgl. Edward Guiliano (Hg.): Lewis Carroll Observed. A Collection of Unpublished Photographs, Drawings, Poetry, and New Essays. New York 1976, S. 31 ff.; zu Tenniel s. auch Hearn, a. a. O., S. 11 ff.
148 Vgl. Guiliano, a. a. O., S. 8 u. S. 12
149 D, S. 234
150 Hudson, S. 122 f.
151 S. z. B. den Brief an seinen Verleger, in dem er die Papierart, den Druck, den Titel usw. zu bestimmen versucht: Brief vom 24. August 1866, L, Bd. I, S. 93
152 Dies ist ausführlich dokumentiert in: Morton N. Cohen, Anita Gandolfo (Hg.): Lewis Carroll and the House of Macmillan. Cambridge 1987
153 Morton N. Cohen: Lewis Carroll. Interviews and Recollections, a. a. O., bes. S. 250 ff.
154 Cohen, Gandolfo, a. a. O., S. 8 f.
155 Die Angaben schwanken hier. Stündel, a. a. O., S. 158, spricht von nur 86 000, während die englischen Biographen wie Hudson von über 100 000 ausgehen.
156 Vgl. Hudson, S. 129 f.; Edward Guiliano: Lewis Carroll: a Sesquicentennial Guide to Research. In: Dickens Studies Annual, Bd. 10, Carbondale 1982, S. 263–310; Michael Hancher: On the Writing. Illustration and Publication of Lewis Carrolls Alice Books. London 1984
157 L, Bd. I, S. 94
158 L, Bd. I, S. 94
159 D, S. 265
160 Vgl. John Francis McDermott (Hg.): The Russian Journal and Other Selections from the Works of Lewis Carroll. New York ³1977
161 D, S. 264
162 Vgl. Clark, a. a. O., S. 170
163 AS, S. 27
164 S. Hudson, S. 148; CW, S. 813
165 Hudson, S. 148
166 CW, S. 827 ff.; deutsch in: Phan.
167 Zit. in: L, Bd. I, S. 272
168 L, Bd. I, S. 295
169 Brief vom 15. 4. 1870 an Macmillan, in: Cohen, Gandolfo, a. a. O.
170 Vgl. L, Bd. I, S. 309
171 D, S. 277; Hudson, S. 156 f.
172 Hudson, S. 155
173 Dieter Petzold: Formen und Funktionen der englischen Nonsense-Dichtung im 19. Jahrhundert. Nürnberg 1972, S. 59
174 AS, S. 13
175 AS, S. 63
176 AS, S. 145
177 Vgl. BL, S. 211 ff.; Roger Sale: Lewis Carroll. In: Fairy Tales and After: from Snow White to E. B. White. Cambridge 1978, S. 104 ff.;

Sidney Halpern: The Mother-Killer. In: Psychoanalytic Review LII, 2 (1965), S. 71 ff.

178 Vgl. Halpern, a.a.O.

179 Vgl. Ralf Konersmann: Spiegel und Bild. Zur Metaphorik neuzeitlicher Subjektivität. Würzburg 1988

180 AS, S. 95. Vgl. hierzu auch: David le Breton: Des Visages. Essai d'anthropologie. Paris 1992, S. 204

181 Vgl. hierzu besonders: Helène Cixous: Introduction to Lewis Carrolls «Through the Looking-Glass» and «Hunting of the Snark». In: New Literary History 13 (1982), S. 231–251

182 Vgl. Reichert, a.a.O., S. 54

183 S & B I, S. 72

184 S & B I, S. 72

185 S & B II, S. 475

186 Vgl. Ann McGarrit Buki: Lewis Carroll in Finnegans Wake. In: Edward Guiliano (Hg.): Lewis Carroll: A Celebration, a.a.O., S. 154 ff.

187 Auch andere surrealistische Autoren wie Aragon oder Künstler wie Max Ernst, Duchamp, Dalí haben sich auf Carroll bezogen. Vgl. Jeffrey Stern: Lewis Carroll the Surrealist. In: Edward Guiliano (Hg.): Lewis Carroll: A Celebration, a.a.O.

188 Lewis Carroll: A Photographer's Day Out. In: Helmut Gernsheim: Lewis Carroll. Photographer. New York 1969, S. 121

189 Lewis Carroll: A Photographer's Day Out, a.a.O., S. 110 ff.

190 Vgl. hierzu: Thomas Kleinspehn, Der flüchtige Blick. Sehen und Identität in der Kultur der Neuzeit. Reinbek 1989

191 L, Bd. I, S. 17 f.

192 Vgl. z. B. Bowman, a.a.O., S. 21 ff., S. 40 ff.; Clark, a.a.O., S. 46 ff. Diese Faszination für Technik wurde sicherlich noch zusätzlich dadurch verstärkt, daß er sehr früh auch Kontakt mit der Eisenbahn hatte.

193 Vgl. Clark, a.a.O., S. 74; Roger Lancelyn Greens Kommentare in Carrolls Tagebuch: D, S. 67

194 D, S. 74

195 D, S. 38

196 *Ließ mich von Booth fotografieren, um es an Barclay zu schicken. Nach drei Fehlversuchen produzierte er ein brauchbares Bild [...].* (D, S. 39)

197 Vgl. z. B. D, S. 41, S. 64, S. 72 ff.

198 D, S. 72

199 D, S. 81

200 Vgl. Hudson, S. 85 f.

201 S. D, S. 310; Gernsheim, a.a.O., S. 23 ff.

202 Vgl. hierzu insgesamt: Kleinspehn, a.a.O., S. 258 ff.

203 Ernst H. Gombrich: Kunst und Illusion. Zur Psychologie der bildlichen Darstellung. Stuttgart, Zürich [2]1986, bes. S. 87 ff.

204 Vgl. Beaumont Newhall: Geschichte der Photographie. München 1984, S. 76; zur viktorianischen Fotografie: Helmut Gernsheim: Sun Artists: Victorian Photography. In: Camera 47 (1968), S. 4–23, S. 34–43; Jan B. Gordon, Edward Guiliano: From Victorian Textbook to Ready-Made: Lewis Carroll and the Block Art. In: English Language Notes 20, 2 (1982), S. 1–25; Vernon Fagin: Sherlock Holmes, Lewis Carroll. Victorian Photography and the Scandal in Bohemia. In: Baker Street Journal 30 (1980), S. 158–165

205 Julia Margaret Cameron, zit. in: Newhall, a.a.O., S. 81

206 Vgl. Newhall, a.a.O., S. 84 ff. In ähnlicher Weise existiert auch eine Verbindung zwischen der Fotografie und dem Text, am deutlichsten bei Proust, der viele der Figuren der «Suche nach der verlorenen Zeit» nach Fotos entworfen hat. Vgl. Gilles Deleuze: Proust et les signes. Paris [4]1976

207 S. Jeffrey Stern: Lewis Carroll the Pre-Raphaelite «Fainting in Coils». In: Edward Guiliano (Hg.): Lewis Carroll, a. a. O., S. 161 ff.

208 Roland Barthes: Die helle Kammer. Bemerkungen zur Fotografie. Frankfurt a. M. 1985, S. 101

209 Vgl. hierzu: Bernd Busch: Belichtete Welt. Eine Wahrnehmungsgeschichte der Fotografie. München 1989, S. 308 ff.

210 D, S. 84 f.

211 S. dazu seine Bemerkungen über sein Ordnungssystem im Tagebuch: D, S. 342

212 Clark, a, a. O., S. 97 ff.

213 Zit. in: D, S. 158

214 Heinrich von Kleist: Über das Marionettentheater. Stuttgart 1984

215 D, S. 126

216 D, S. 127

217 Zit. bei Collingwood, S. 86. Collingwood zitiert hier aus den beiden verschollenen Tagebüchern der entsprechenden Jahre.

218 Hudson, S. 133 f.

219 D, S. 340

220 Z. B. L, Bd. I, S. 226 f.

221 Vgl. BM

222 D, S. 62

223 D, S. 113

224 Vgl. Stündel, a. a O., S. 132 ff.; Anne Clark: The Real Alice. London 1981, S. 85 ff.

225 Morton N. Cohen: Lewis Carroll. A Biography. New York 1995; Karoline Leach: Ina in Wonderland. In: Times Literary Supplement, 3. Mai 1996; Clark: The Real Alice, a. a. O.

226 Carroll notiert dies sogar in seinem Tagebuch: D, S. 110 f.; vgl. auch Stündel, a. a. O., S. 114 f.

227 D, S. 230 f.

228 Clark a. a. O., S. 203

229 Diese Daten befinden sich nur im Original und nicht in der gedruckten Fassung: British Library, ADD 54340–54348

230 D, S. 201

231 BM, S. 42

232 D, S. 359; bezieht sich jeweils auf andere Mädchen

233 BM, S. 72

234 BM, S. 102. Diesen Brief schrieb er etwa ein Jahr, nachdem er aufgehört hatte zu fotografieren. Seine Adressatin, Agnes Hull, hat er zuvor aber noch fotografiert. Jetzt besteht ihre Beziehung aber überwiegend im «Zeigen» von Fotos, Spielzeug oder Büchern.

235 L, Bd. I, S. 441 f.

236 BM, S. 30

237 BM, S. 131

238 Zit. in: D, S. 343 f.

239 BM, S. 61

240 L, Bd. I, S. 353

241 L, Bd. I, S. 261

242 Vgl. Gernsheim, a. a. O., S. 51 ff.; Brassaï: Lewis Carroll Photographe. In: Zoom 11 (1973), S. 74 – 81; Morton N. Cohen: Lewis Carroll, Photographer of Children: Four Nude Studies. New York 1978; Clark, a. a. O., S. 205 ff.; Morris Fraser: The Death of Narcissus. London 1976, bes. S. 173 ff.

243 Zit. in Clark, a. a. O., S. 206 f.; über die Beziehung zu Gertrude Thomson s. Collingwood, S. 193

244 Vgl. z. B. Clark, a. a. O., S. 207

245 L, Bd. II, S. 947. Im Gegensatz zu dieser Auswahl führt Stündel Teile dieses Textes auf einen Brief von Carroll an Furniss zurück, was nicht näher verifiziert werden kann. Stündel, Nachwort zu P & P, S. 120

246 L, Bd. II, S. 653

247 Vgl. Morton N. Cohen: Lewis Carroll and the Kitchins. New York 1980, S. XIV. Carroll selbst vermerkt diese Episode in seinem Tagebuch: D, S. 385

248 L, Bd. I, S. 360

249 James R. Kincaid: Child-Loving. The Erotic Child and Victorian Culture. New York, London 1992

250 Patrick Roegiers: Le Visage regardé: Ou Lewis Carroll dessinateur et photographe. Paris 1983, S. 123

251 Vgl. Richard Wallace: The Agony of Lewis Carroll. Melrose, Mass. 1990, bes. S. 217 f. Über die Macht des Blicks und die frühe Fotografie vgl. auch: Christina von Braun: Ceci n'est pas une femme. Betrachten, Begehren, Berühren – von der Macht des Blicks. In: Lettre international 25, (1994), S. 80 ff.

252 S. Kincaid, a. a. O., S. 196

253 Stündel, a. a. O., S. 228

254 D, S. 388

255 Clark, a. a. O., S. 218 ff.; vgl. auch Greens Anmerkungen in D, S. 388 f.

256 Zit. in D, S. 389

257 Margaret Davies (geb. Mayhew), abgedruckt in: Hudson, S. 253 f.

258 L, Bd. I, S. 338

259 L, Bd. I, S. 339

260 L, Bd. I, S. 341, Streichungen im Original

261 L, Bd. I, S. 343

262 Vgl. BL, S. 194 ff., S. 200

263 Vgl. z. B. den Brief an Gertrude Thomson vom Dezember 1893, L, Bd. II, S. 999

264 D, S. 457

265 D, S. 457

266 Eintragung vom 26. 9. 1881, D, S. 399

267 D, S. 515

268 Wallace, a. a. O., S. 182 ff.

269 Clark, a. a. O., S. 147 f.

270 BM, S. 60

271 Vgl. u. a. Klaus Reichert: Lewis Carroll. Studien zum literarischen Unsinn. München 1974, S. 75 ff.

272 Reichert: Lewis Carroll, a. a. O., S. 76

273 Oscar Wilde: Das Bildnis des Dorian Gray. Frankfurt a. M. 1977

274 Vgl. Kleinspehn, a. a. O., bes. S. 276 ff.

275 Vgl. z. B. Jos van Ussel: Sexualunterdrückung. Geschichte der Sexualfeindschaft. Gießen 1976

276 Michel Foucault: Sexualität und Wahrheit. Bd. 1: Der Wille zum Wissen. Frankfurt a. M. 1977

277 Laure Adler: La vie quotidienne dans les maisons closes. 1830 bis 1930. Paris 1990, S. 130

278 Vgl. hierzu die aufschlußreiche Studie von Emily Apter: Feminizing the Fetish. Psychoanalysis and Narrative Obsession in Turn-of-the-Century France. Ithaca 7, London 1991. Apter bezieht sich zwar im wesentlichen auf Frankreich, ihre Beobachtungen können aber zweifellos analog und mit Nuancierungen auch für England gelten.

279 Vgl. z. B. Guy Rosolato: Pour une psychanalyse exploratrice dans la culture. Paris 1993

280 Vgl. H. Montgomery Hyde: Geschichte der Pornographie. Stuttgart 1965; Paul Englisch: Geschichte der erotischen Literatur. Stuttgart 1927

281 Roger Dorey: Psychoanalytische Beiträge zur Untersuchung des Fetischismus. In: J. B. Pontalis (Hg.): Objekte des Fetischismus. Frankfurt a. M. 1972, S. 45; vgl. zum Fetischismus auch: M. Masud R. Khan: Der Fetischismus als Selbstverneinung. In: J.-B. Pontalis (Hg.): Objekte des Fetischismus. Frankfurt a. M. 1972

282 Vgl. Kincaid, a. a. O.

283 Wallace, a. a. O., S. 108 ff., der den Vater eher als schwach beschreibt

284 Vgl. Wallace, a. a. O., S. 144 f.

285 BL, S. 33

286 Vgl. Wallace, a. a. O., S. 192 f.

287 Vgl. Wallace, a. a. O., S. 149

288 Collingwood, S. 330

289 Zit. bei Stündel, a. a. O., S. 272

Zeittafel

1832   27. Januar: Geburt von Charles Lutwidge Dodgson als drittes Kind des Pfarrers Charles Dodgson und seiner Frau Frances Jane Lutwidge Dodgson in Daresbury, Cheshire.

1843   Umzug der Familie nach Croft in Yorkshire.

1844   Besuch der Grammar School in Richmond.

1846   Wechsel in eine der bekanntesten Privatschulen Englands in Rugby. Erste Schreibversuche, die er seinen Geschwistern vorträgt. Hier lassen sich bereits Wurzeln für einige Parodien erkennen, die später in den beiden Alice-Büchern wiederkehren.

1850   Abschluß der Schule und Immatrikulation an der Universität Oxford.

1851   Übersiedlung in das Christ Church College, wo Lewis Carroll bis zu seinem Lebensende bleiben wird; Studium der Mathematik, Theologie und klassischen Literatur; Tod der Mutter.

1852   Erste Auszeichnungen in Mathematik; wird zum ordentlichen Studenten am Christ Church College.

1853   Erste Gedichte werden in der Zeitschrift «Comic Times» abgedruckt.

1854   Abschluß des Studiums in Mathematik mit dem Bakkalaureus Artium (B. A.); Vorbereitung für die Priesterweihe; «Whitby Gazette» veröffentlicht einige seiner Gedichte.

1855   Henry George Liddell wird Dekan des Christ Church College, seine Tochter Alice soll später Vorbild für die Hauptfigur von Carrolls Büchern werden; Dodgson beginnt Mathematik in Oxford zu unterrichten.

1856   Das Pseudonym «Lewis Carroll» wird geboren; Berufung zum Tutor in Mathematik; Caroll trifft zum erstenmal Alice Liddell; Erwerb einer Kamera und erste Fotos u. a. von Alice; weitere kleinere Veröffentlichungen.

1857   Erwirbt den Magister-Grad (M. A.); erste Begegnungen mit Tennyson, Ruskin, Thackeray.

1861   Weihung zum Diakon.

1862   Am 4. Juli Ausflug mit den Kindern des Dekans auf der Isis und Picknick am Flußufer. Hier entsteht die erste mündliche Fassung von *Alice im Wunderland*.

1863   Vorbereitung des Drucks, der Verlag Macmillan nimmt das Manuskript an, John Tenniel erklärt sich bereit, das Werk zu illustrieren.

1865   Veröffentlichung von *Alice im Wunderland*, Zerwürfnis mit dem Dekan Liddell.

1867   Juli bis September: Reise durch Rußland; Beginn des Manuskripts *Alice*

	hinter den Spiegeln, Veröffentlichung von *Brunos Rache*, später ein Teil von *Sylvie & Bruno*.
1868	Tod des Vaters, Umzug der Schwester nach Guildford; Veröffentlichung von Carrolls erstem mathematischem Buch *The Fifth Book of Euclid*.
1869	Veröffentlichung von *Phantasmagoria*.
1871	*Alice hinter den Spiegeln* erscheint zu Weihnachten.
1873	Beginn des Manuskripts von *Sylvie & Bruno*.
1876	Veröffentlichung von *Die Jagd nach dem Schnark*; Aufführung von *Alice* als Theaterstück.
1879	*Euclid and his Modern Rivals*; Bekanntschaft mit der Malerin Gertrude Thomson, Aktzeichnungen von Kindern.
1880	Abbruch seiner fotografischen Arbeiten.
1881	Ende seiner Tätigkeit als Tutor in Oxford.
1882	Kurator im Common Room in Oxford.
1886	Faksimile-Druck des Originalmanuskripts von *Alice*; in diesem und in den Folgejahren mathematische Veröffentlichungen.
1889	*Sylvie & Bruno*, Teil I.
1891	Erneute Begegnung mit Alice Liddell.
1892	Ende seiner Arbeit als Kurator.
1893	*Sylvie & Bruno*, Teil II.
1896	*Symbolic Logic*, Teil I.
1898	14. Januar: Tod in Guildford.

Zeugnisse

Isa Bowman
Lewis Carroll war von mittlerer Größe. Als ich ihn kennenlernte, war sein Haar silbrig grau, und er trug es weit länger, als es zu jener Zeit modern war. Seine Augen waren tief blau. Er war glatt rasiert, und wenn er ging, wirkte sein Gang immer ein wenig wackelig. In Oxford war er eine ziemlich bekannte Persönlichkeit. In der Wahl seiner Kleidung war er ein wenig exzentrisch. Selbst bei kältestem Wetter hätte er niemals einen Mantel getragen, und er hatte die sehr kuriose Angewohnheit, zu jeder Jahreszeit ein Paar grau-schwarze Wollhandschuhe zu tragen.

The Story of Lewis Carroll, 1899

William Michael Rossetti
Er [Caroll] war ein geschickter Amateur-Photograph. Er machte einige Aufnahmen von Dante Rossetti und anderen Familienmitgliedern. Er hielt noch ein wenig Kontakt mit Christina bis zu ihrem Tod, indem er ihr seine Veröffentlichungen sandte. [...] Er beeindruckte mich vor allem deshalb, weil er zu einer bestimmten Sorte von «universitären Menschen» gehörte: eine gewisse aufgesetzte Höflichkeit, bis an die Grenze der Konvention. Ich kann mich nicht erinnern, daß er in meiner Gegenwart irgend etwas «Lustiges» oder Kurioses gesagt hätte.

Some Reminiscences of William Michael Rossetti, 1906

Mark Twain
Wir trafen eine Menge anderer interessanter Menschen, unter ihnen Lewis Carroll, den Autor der unsterblichen Alice – aber er war nur interessant anzusehen, denn er war einer der stillsten und schüchternsten erwachsenen Männer, die ich jemals getroffen habe, mit Ausnahme von «Uncle Remus». Doktor [George] MacDonald und einige andere lebhafte Erzähler waren anwesend. Die Unterhaltung ging flott dahin für einige Stunden, aber Carroll saß die ganze Zeit still da und antwortete nur gelegentlich auf eine Frage. Seine Antworten waren knapp. Ich kann mich nicht erinnern, daß er irgendwann weiter ausgeholt hätte.

Autobiography, 1924

André Breton
Der non-sens bei Lewis Carroll erhält seine Bedeutung dadurch, daß er für ihn die lebenswichtige Lösung eines krassen Widerspruchs darstellt einerseits zwischen der Akzeptation des Glaubens und der Praktik der Vernunft und andererseits zwischen dem klaren poetischen Bewußtsein und den strengen beruflichen Pflichten. Das Eigentümliche an dieser subjektiven Lösung ist, daß sie mit einer objektiven

von eindeutig poetischer Art verbunden ist: Der Geist kann bei jedweder Schwierigkeit einen idealen Ausweg im Absurden finden. Die Bereitschaft, das Absurde
zu bejahen, erschließt dem Menschen wieder das geheimnisvolle Reich, in dem
die Kinder leben. Das Spiel der Kindheit als verlorengegangenes Mittel des Aus-
gleichs zwischen Handeln und Träumen zwecks innerer Befriedigung, angefangen
mit dem einfachsten «Wortspiel», wird solchermaßen rehabilitiert und aufgewertet. […] Es scheint nicht minder maßlos übertrieben, wenn man Lewis Carroll als
einen «politischen» Aufsässigen hinstellt und seinem Werk direkte satirische Absichten unterschiebt. Es ist reiner Betrug, wenn man insinuiert, das Ersetzen eines
Regimes durch ein anderes könnte einer solchen Forderung ein Ende machen. Es
geht um den Widerstand, den das Kind von Natur aus immer jenen entgegenstel-
len wird, die es formen, das heißt, in ihre Gewalt bringen wollen, indem sie ihm
mehr oder weniger willkürlich sein wundervolles Feld der Erfahrung begrenzen.
All jene, die sich den Sinn für Auflehnung bewahren, werden in Lewis Carroll
ihren ersten Lehrer im Schuleschwänzen sehen.

Anthologie des Schwarzen Humors, 1940

Louis Aragon
«The Hunting of the Snark» erschien zur selben Zeit wie die «Chants de Mal-
doror» und «Une Saison en Enfer». In den schmachvollen Fesseln jener Tage der
Massaker in Irland, der unsäglichen Unterdrückung in den Fabriken, wo die von
Bentham gepriesene ironische Buchführung über Freud und Leid eingeführt
wurde, obgleich aus Manchester wie eine Herausforderung die Theorie des Frei-
handels kam: was war aus der Freiheit des Menschen geworden? Sie lag ganz in
den zarten Händen Alices, in die dieser seltsame Mann sie gelegt hatte.

Le surréalisme au service de la révolution, 1931, No. 3

Michael Ende
Wäre es Lewis Carroll aber darum gegangen, Vernünftiges in verlarvter Gestalt zu
schildern, so wäre er nicht weiter als ein Taschenspieler, ein Hervorbringer
falscher Wunder oder gar ein Kreuzworträtsel-Erfinder. Er ist aber ein Dichter,
also ein authentischer Zauberer oder Schamane, ein Schöpfer von Geheimnissen,
die er selbst nicht versteht. Und so stellt er in seinem Epos unser aller […] Un-
fähigkeit dar, irgend etwas zu tun, ohne diesem Tun einen Sinn zu unterstellen.
[…] Die Menschen haben einen unseligen Tätigkeitsdrang, zu dessen Rechtferti-
gung ihnen schlechterdings kein Grund zu unglaubwürdig ist. Um nicht ruhig auf
einem Stuhl sitzen bleiben zu müssen, gründen sie Familien und Konzerne, zeugen
sie Kinder, schreiben sie Gedichte und Rechnungen, machen sie Revolutionen
und Bankrotte, bringen einander um oder verleihen sich gegenseitig Doktorhüte
und Orden. Der beliebige Grund zu alledem heißt bei Carroll zusammenfassend
Schlarg. In diesem Sinne ist es wohl erlaubt zu behaupten, daß es sich bei seinem
Epos um ein – sozusagen spiegelverkehrtes – Gegenstück zu Becketts «Warten auf
Godot» handelt, freilich eines, das fast hundert Jahre früher entstanden ist.

Die Jagd nach dem Schlarg, 1988

Bibliographie

1. Bibliographische Hilfen

Green, Roger Lancelyn (Hg.): The Lewis Carroll Handbook. Oxford 1962
Guiliano, Edward: Lewis Carroll: An Annotated International Bibliography 1960–1977. Brighton 1980
Williams, Sidney Herbert: A Bibliography of the Writings of Lewis Carroll. London 1924
–: The Lewis Carroll Handbook. London 1962, NA Oxford 1979

2. Werke

I. Gesamtausgaben

The Works of Lewis Carroll. Edited and introduced by Roger Lancelyn Green. London 1965
The Complete Works. London 1988
The Diaries of Lewis Carroll. Now first edited and supplemented by Roger Lancelyn Green. 2 Bde. London 1953, Westport 1971
Collingwood, Stuart Dodgson: The Life and Letters of Lewis Carroll. London 1899, NA Detroit 1967

II. Einzelwerke

Alice's Adventures in Wonderland. London 1865
Alice's Adventures Under Ground. Facsimile of the Author's Manuscript Book, London 1886, NA New York 1965
Phantasmagoria and other Poems. London 1869
Through the Looking-Glass, and What Alice Found There. London 1871
The Hunting of the Snark. London 1876
The Annotated Snark. The Full Text of Lewis Carroll's Great Nonsense Epic The Hunting of the Snark. London 1876. Harmondsworth 1967
Euclid and His Modern Rivals. New York 1973
The Game of Logic. London 1886
Symbolic Logic. London 1896; zusammen mit «The Games of Logic» (1886). New York 1958; NA 1977
Sylvie and Bruno. London 1889

Sylvie and Bruno Concluded. London 1893

The Rectory Umbrella and Mischmasch. New York 1971

The Annotated Alice. Alice's Adventures in Wonderland (1865) and Through the Looking-Glass (1872) by Lewis Carroll. Illustrated by John Tenniel. With an introduction and notes by Martin Gardner. Harmondsworth 1965

Pillow Problems (1893) and A Tangled Tale (1885). NA in einem Band. New York 1958

Rhyme? and Reason? With sixty-five Illustrations by Arthur B. Frost and nine by Henry Holiday. London 1898

The Wasp in a Wig. A «Suppressed» Episode of Through the Looking-Glass, and What Alice Found There. With a preface, introduction and notes by Martin Gardner. London 1977

Euclid and His Modern Rivals. New York 1973

The Games of Logic. London 1886

Symbolic Logic. London 1896. Zusammen mit «The Games of Logic» Neuausgabe. New York 1958, 1977

The Rectory Umbrella and Mischmasch. New York 1971

III. Deutsche Ausgaben seiner Werke (Auswahl)

Alice im Wunderland. Übers. und hg. von Christian Enzensberger. Frankfurt a. M. 1973

Alice im Wunderland. Illustr. von Anthony Browne. Oldenburg 1989

Alice im Wunderland. Mit Bildern von Klaus Ensikat. Nachw. von Dieter E. Zimmer. Reinbek 1993

Alice. Ill. von Ralph Steadman. Hamburg 1987

Alice hinter den Spiegeln. Übers. und hg. von Christian Enzensberger. Frankfurt a. M. 1974

Carrollogismen. Hg. von Dieter Stündel. Berlin 1987

Briefe an kleine Mädchen. Übers. und hg. von Klaus Reichert. Frankfurt a. M. 1976

Die Jagd nach dem Schnark. Übers. und ausgeleitet von Klaus Reichert. Frankfurt a. M. 1982

Geschichte mit Knoten. Eine Sammlung mathematischer Rätsel. Hg. und übertr. von Walter E. Richartz. Frankfurt a. M. 1978

Geschichte vom Schwein. Frankfurt a. M. 1976

Phantasmagorie. Übers. und hg. von Dieter Stündel. Siegen 1980

Poesie & Possen. Eine Auswahl aus Sylvie und Bruno. Übers. und hg. von Dieter Stündel. Siegen 1981

Der Pfarrhausschirm. Aus dem Englischen übertr. und mit einem Nachwort von Dieter Stündel. Siegen 1982

Sylvie & Bruno. Die Geschichte einer Liebe. Teil I und II. Hg. und übers. von Dieter H. Stündel. Darmstadt 1994

Misch und Masch. Erzählungen und Gedichte. Hg. und übers. von Dieter H. Stündel. Darmstadt 1995

3. Briefe und Tagebücher

The Diaries of Lewis Carroll. New first edited and supplemented by Roger Lancelyn Green. 2 Bde. London 1953, Westport [2]1971

The Letters of Lewis Carroll. Edited by Morton N. Cohen. 2 Bde. New York 1979

McDermott, John Francis (Hg.): The Russian Journal and other Selections from the Works of Lewis Carroll. New York 1935, [2]1977

4. Biographien und Erinnerungen

Bowman, Isa: Lewis Carroll As I knew him. New York 1899, 1972

Lewis Carroll and Guildford. Guildford 1966, NA 1970

Clark, Anne: Lewis Carroll: A Biography. London u. a. 1979

–: The Real Alice. London 1981

Cohen, Morton N.: Lewis Carroll and the Kitchins. New York 1980

–: Lewis Carroll. A Biography. New York 1995

DeLaMare, Walter: Lewis Carroll. Repr. der Ausg. 1932, New York 1970/1972

Gattégno, Jean: L'univers de Lewis Carroll. Paris 1970

–: Lewis Carroll, une vie. Paris 1974

Goodacre, Selwyn: The Illnesses of Lewis Carroll. In: Jabberwocky 8, (1971), S. 15–21

Green, Roger Lancelyn: The Story of Lewis Carroll. London 1949, Neuausgabe unter dem Titel: Lewis Carroll. London 1968

Hudson, Derek: Lewis Carroll. An Illustrated Biography. London 1976

Kelly, Richard: Lewis Carroll. Boston 1977

Lennon, Florence Becker: The Life of Lewis Carroll. New York 1972

Reed, Langford: The Life of Lewis Carroll. London 1932

Stündel, Dieter: Charles Lutwidge Dodgson – alias Lewis Carroll. Poet zwischen Fotokunst und Mathematik. Siegen 1982

Wood, James Playsted: The Snark Was a Boojum. A Life of Lewis Carroll. New York 1966

5. Materialien zu Leben und Werk

Bloom, Harold (Hg.): Lewis Carroll. Modern Critical Views. New York, Philadelphia 1987

Carroll, Lewis, et. al., Visages d'Alice ou Les illustrateurs d'Alice, Paris 1983

Cohen, Morton N.: Lewis Carroll. Interviews and Recollections. Houndmills, London 1989

Collingwood, Stuart Dodgson: The Lewis Carroll Picture Book. London 1899

Fordyce, Rachel: Lewis Carroll: A Reference Guide. Boston 1988

Furniss, Harry: Confessions of an Illustrator. In: Jabberwocky 3 (1973), S. 11–21

Gardner, Martin (Hg.): The Annotated Alice. Harmondsworth 1970

Gasson, Roy (Hg.): The Illustrated Lewis Carroll. London 1978

Guiliano, Edward (Hg.): Lewis Carroll Observed. A Collection of Unpublished Photographs, Drawings, Poetry, and New Essays. New York 1976

Guiliano, Edward (Hg.): Lewis Carroll: A Celebration: Essays on the Occasion of the 150. Anniversary of the Birth of Charles Lutwidge Dodgson. New York 1982

Ovenden, Graham: The Illustrators of «Alice in Wonderland» and «Through the Looking Glass». London 1972

Stern, Jeffrey (Hg.): Lewis Carroll's Library. Charlottesville 1981

Weaver, Waren: The Mathematical Manuscripts of Lewis Carroll. New York, London 1967

6. Gesamtdarstellungen

Blake, Kathleen: Play, Games and Sport. The Literary Works of Lewis Carroll. Ithaca, New York 1974

Clark, Beverly Lyon: Reflections of Fantasy: The Mirror-Worlds of Carroll, Nabokov, and Pynchon. New York 1986

Cohen, Morton N.: Lewis Carroll and Alice. 1832–1982. New York 1982

Cohen, Morton N., Gandolfo, Anita (Hg.): Lewis Carroll and the House of Macmillan. Cambridge 1987

Decoin, Didier: Lewis & Alices. Paris 1992

Deleuze, Gilles: Logik des Sinns. Frankfurt a. M. 1993

Ettleson, Abraham: Lewis Carroll's «Through the Looking-Glass» decoded. New York 1966

Fisher, John (Hg.): The Magic of Lewis Carroll. London, New York 1973

Gray, Donald J.: Lewis Carroll: Alice in Wonderland, New York 1971

Green, Roger Lancelyn: Alice's Adventures in the Wonderland and Through the Looking-Glass, and What Alice Found There. London 1971 (kommentierte Ausgabe der beiden Erzählungen)

Greenacre, Phyllis: Swift and Carroll. A Psychoanalytic Study of Two Lives. New York 1955

Heath, Peter (Hg.): The Philosopher's Alice. New York 1974

Jone, Jo Elwyn, Gladstone, J. Francis: The Red King's Dream or Lewis Carroll in Wonderland. London 1995

Kreutzer, Eberhard: Lewis Carroll, «Alice in Wonderland» und «Through the Looking-Glass». München 1984

Laporte, Henri: Alice au pays des merveilles. Paris 1973

Noeth, Winfried: Literatursemiotische Analyse zu Lewis Carrolls Alice-Büchern. Tübingen 1980

Parisot, Henri: Lewis Carroll. Paris ⁶1969

Rackin, Donald: Alice's Adventures in Wonderland: A Critical Handbook. Belmont 1969

Reichert, Klaus (Hg.): Studien zum literarischen Unsinn – Lewis Carroll. München 1974

Roegiers, Patrick: Le Visage regardé: Ou Lewis Carroll dessinateur et photographe. Paris 1983

Sewell, Elizabeth: The Field of Nonsense: Lewis Carroll and Edward Lear. London 1952

Sutherland, Robert D.: Language and Lewis Carroll. The Hague 1970

Wakeling, Edward: The Logic of Lewis Carroll. Oxford 1978

Weaver, Warren: Alice in Many Tongues. Madison 1964

7. Wichtige Untersuchungen zu Werk und Wirken

Alexander, Peter: Logic and the Humor of Lewis Carroll. In: Proceedings of the Leeds Philosophical and Literary Society 6 (1951), S. 551–566

Aragon, Louis: Lewis Carroll. In: Le surréalisme au service de la révolution, 1931, No. 3

Arnold, Ethel M.: Reminiscences of Lewis Carroll. In: Atlantic 143, June 1929, S. 782–789

Atherton, J. S.: Lewis Carroll and Finnegans Wake. In: English Studies 33 (1952)

Auerbach, Nina: Alice and Wonderland: A Curious Child. In: Victorian Studies 17 (1973), S. 31–47

–: Falling Alice, Fallen Women, and Victorian Dream Children. In: English Language Notes 20, 2 (1982), S. 46–64

Ayres, Harry Morgan: Carroll's Alice. New York 1936

Batey, Mavis: Alice's Adventures in Oxford. London 1980

Binder, Lucia: Die phantastische Erzählung. In: Bamberger, Richard (Hg.): Jugendschriftenkunde. Wien 1975

–: Phantastische Erzählungen der Jugend-Weltliteratur. In: Trends in der modernen Jugendliteratur. Wien 1969, S. 76–93

Bossanne, Brigitte G.: Audrey Thomas and Lewis Carroll: Two Sides of the Looking-Glass. In: North Dakota Quarterly 52, 3 (1984), S. 215–234

Cixous, Hélène: Introduction to Lewis Carroll's «Through the Looking-Glass» and «Hunting of the Snark». In: New Literary History 13 (1982), S. 231–251

Clark, Beverly Lyon: Carroll's Well-Versed Narrative: Through the Looking-Glass. In: English Language Notes, 20, 2 (1982) S. 65 ff.

Cohen, Eileen S.: Alex in Wonderland, or Portnoy's Complaint. In: Twentieth Century Literature 17, 3 (1971) S. 161–168

Cohen, Morton N.: Lewis Carroll and the Victorian Morality. In: Tennessee Studies in Literature 27 (1984) S. 3–19

–: The Search for Lewis Carroll's Letters. In: Manuscripts 20 (1968), S. 4–15

Deagan, Carole: Wonderland, Revisited or Alice as Feminist. In: Refractory Girl 15 (1977), S. 2–5

Eagleton, Terry: Alice and Anarchy. In: New Blackfriars 53 (1972), S. 447–455

Ende, Michael: Die Jagd nach dem Schlarg. Stuttgart, Wien 1988

Faimberg, Haydée: The Snark was a Boojum. In: Jahrbuch Psychoanalyse 21 (1987), S. 259–287

Flescher, Jacqueline: The Language of Nonsens in Alice. In: Yale French Studies 43 (1969), S. 128–144

Gabriele, Mark: «Alice in Wonderland»: Problem of Identity – Aggressive Content and Form Control. In: American Imago 39 (1982), S. 369–390

Geier, Manfred: Das verborgene Ich. Auf der Suche nach dem Subjekt eines unsinnigen Diskurses. In: Ders., Woetzel, Harold (Hg.): Das Subjekt des Diskurses. Berlin 1983

Gordon, Jan B., Guiliano, Edward: From Victorian Textbook to Ready-Made: Lewis Carroll and the Block Art. In: English Language Notes 20, 2 (1982), S. 1–25

Greenacre, Phyllis: «It's My Own Invention»: A Special Screen Memory of Mr. Lewis Carroll, Its Form and His History. In: Emotional Growth: Psychoanalytic Studies of the Gifted and a Great Variety of Other Individuals. New York 1971, Bd. 2, S. 438–478

–: On Nonsense. In: Loewenstein, R. M., u. a. (Hg.): Psychoanalysis – A General Psychology: Essays in Honour of Heinz Hartmann. New York 1966, S. 655–677

Grotjahn, Martin: About the Symbolisation of Alice's Adventures in Wonderland. In: American Imago 4, IV (1947), S. 32–41

–: Alice in Wonderland and the Joy of Wonder. In: Ders. (Hg.): Beyond Laughter. A Psychoanalytical Approach to Humor. New York 1957, S. 235–254

Guiliano, Edward: Lewis Carroll in a Changing World. In: English Language Notes 20, 2 (1982), S. 97–108

–: Lewis Carroll: a Sesquicentennial Guide to Research. In: Dickens Studies Annual. Bd. 10, Carbondale 1982, S. 263–310

Hearn, Michael Patrick: Alice's Other Parent: John Tenniel as Lewis Carroll's Illustrator. In: American Book Collector 4, 3 (1983), S. 11–20

Helson, Raveena: The Psychological Origins of Fantasy for Children in Mid-Victorian England. In: Children's Literature 3 (1974), S. 66–76

Hennelly, Mark M.: Alice's Big Sister: Fantasy and the Adolescent Dream. In: Journal of Popular Culture 16, 1 (1982), S. 72–87

Hildebrandt, Rolf: Nonsense-Aspekte der englischen Kinderliteratur. Weinheim 1970

Holquist, Michael: What is a Boojum? Nonsense and Modernism. In: Yale French Studies 43 (1969), S. 145–164

Johnson, Paula: Alice Among the Analysts. In: Hartford Studies in Literature 4 (1972), S. 114–122

Joyce, James: Lolita in Humberland. In: Studies in the Novel 6,3 (1974), S. 339–348

Klotz, Volker: Das europäische Kunstmärchen. München 1987

Krahé, Hildegard: Nonsense-Literatur. In: Bamberger, Richard (Hg.): Das Irrationale im Jugendbuch. Wien 1967

La Belle, Jenijoy: Herself beheld. The Literature of the Looking-Glass. Ithaca, London 1988

Lenk, Elisabeth: Kritische Phantasie. München 1986

Liede, Alfred: Dichtung als Spiel. Studien zur Unsinnspoesie an den Grenzen der Sprache. 2 Bde. Berlin 1963

Little, Edmund: The Fantasts: Studies in J. P. R. Tolkien, Lewis Carroll, Mervyn Peake, N. Gogol and Kenneth Grahame. Amsterdam 1984

Maloy, Barbara: The Light of Alice's World. In: Linguistics in Literature 1, 2 (1976), S. 69–86

Meyer, Helmut: A Long Tale / Tail und kein Ende. Erfahrungen bei der Erstellung und Erprobung einer sprachspielorientierten Textbearbeitung von Lewis Carrolls Alice im Wunderland. In: Die Neueren Sprachen 84, 2 (1985), S. 131–151

Moritz, Ulrich: Alice in der Eisenbahn. Über Technik und Phantastik im 19. Jahrhundert. In: Buddensieg, Tilmann, Rogge, Henning (Hg.): Die nützlichen Künste. Berlin 1981

Nicholson, Mervyn: Food and Power: Homer, Carroll, Attwood and Others. In: Mosaic 20, 3 (1987), S. 37–55

Partridge, Eric: The Nonsense Words of Edward Lear and Lewis Carroll. In: Here, There, and Everywhere: Essays upon Language. London 1950

Paz, Alfredo de: L'occhio della modernità. Bologna 1987

Peccoud, Robert: Alice Carroll ou les mémoires d'une jeune fille droguée. In: Temps Modernes 352, Novembre 1975

Petzold, Dieter: Das englische Kunstmärchen im 19. Jahrhundert. Tübingen 1981

Phillips, Robert (Hg.): Aspects of Alice. London 1972

Pitcher, George: Wittgenstein, Nonsense, and Lewis Carroll. In: Massachussetts Review 6 (1965), S. 591–611

Polhemus, Robert M.: Comic Faith. The Great Tradition from Austen to Joyce. Chicago 1980

Praz, Mario: Two Masters of the Absurd: Grandville and Carroll. In: Haskell, Francis, u. a.: The Artist and Writer in France. Oxford 1974

Prioleau, Elizabeth: Humbert Humbert Through the Looking-Glass. In: Twentieth Century Literature 21, 4 (1975), S. 428–437

Rackin, Donald: Alice's Journey to the End of Night. In: Publications of the Modern Language Association 81 (1966), S. 313–326

–: Corrective Laughter: Carroll's Alice and Popular Children's Literature of the Nineteenth Century. In: Journal of Popular Culture 1 (1967), S. 243–255

–: Love and Death in Carroll's «Alices». In: English Language Notes 20, 2 (1982), S. 26–45

Roos, Michael E.: The Walrus and the Deacon: John Lennons Debt to Lewis Carroll. In: Journal of Popular Culture 18 (1984), S. 19–29

Sale, Roger: Lewis Carroll. In: Fairy Tales and After: From Snow White to E. B. White. Cambridge 1978

Schöne, Annemarie: Englische Nonsense- und Grusel-Balladen. Göttingen 1970

–: Humor und Komik in Lewis Carrolls Nonsens Traummärchen. In: Deutsche Vierteljahresschrift für Literaturwissenschaft und Geistesgeschichte 28 (1954), S. 102–114

Stratmann, Gerd: Antiautoritärer Nonsens einst und jetzt. Lewis Carroll and John Lennon. In: Anglistik und Englischunterricht 26 (1985), S. 147–161

Tabbert, Reinbert: Humpty Dumpty oder die Kunst Lewis Carrolls. In: Literatur in Wissenschaft und Unterricht 6 (1973), S. 176–187

Thomsen, Christian W.: Das Groteske und die englische Literatur. Darmstadt 1977

–: Fischer, Jens Malte (Hg.): Phantastik in Literatur und Kunst. Darmstadt 1980

Tiedemann, Rüdiger von: Alice bei den Surrealisten. Zur Rezeption Lewis Carrolls. In: arcadia 17 (1982), S. 61–80

Urich, Anna Katharina: Sprache und Geschlecht. In: Schweizer Monatshefte 12 (1991)

Wetzel, Michael: «LeNo m/n de Mignon». Der schöne Schein der Kindsbräute. In: Kamper, Dietmar, Wulf, Christoph (Hg.): Der Schein des Schönen. Göttingen 1989

8. Fotografie

Aspin, Roy: Lewis Carroll and His Camera. Essex 1989

Bill, E. G. W., Mason, J. F. A.: Christ Church and Reform. 1850–1867. Oxford 1970

Brassaï: Lewis Carroll Photographe. In: Zoom 11 (1973), S. 74–81

Cohen, Morton N.: Lewis Carroll, Photographer of Children: Four Nude Studies. New York 1978

Daval, Jean-Luc: Die Photographie: Geschichte einer Kunst. Aarau 1983

Dodgson, Charles Lutwidge, Lewis Carroll. A collection of Unpublished Photographs, Drawings, Poetry and New Essays. New York 1976

Gernsheim, Helmut: Sun Artists: Victorian Photography. In: Camera 47 (1968), S. 4–23, S. 34–43

–: Lewis Carroll Photographs. New York 1969

Lewis Carroll. Victorian Photographer. Introduction by H. Gernsheim. London 1980

Morgaine, M.: De quoi sont les petites filles faites? Lewis Carroll et ses modèles. In: La recherche photographique 5 (1988)

Ovenden, Graham, Mendes, Peter: Victorian Erotic Photography. London 1973

Steinorth, Karl (Hg.): Lewis Carroll. Photographien. Lewis Carroll Photographs. Schaffhausen 1991

Wetzel, Michael: «The latter undrapped». Die photogene Entblößung des Blicks bei Lewis Carroll. In: Hörisch, Jochen, Wetzel, Michael (Hg.): Armaturen der Sinne. München 1990

Namenregister

Die kursiv gesetzten Zahlen bezeichnen die Abbildungen

Über den Autor

Thomas Kleinspehn, Privatdozent, Kulturwissenschaftler und Publizist. Lehrtätigkeiten an den Universitäten Göttingen, Kassel, Bremen, Oldenburg, Lüneburg, Humboldt-Universität Berlin und Gastprofessur an der Universität Innsbruck. War Buchhändler, freier Lektor und Übersetzer. Entwurf und Leitung von Ausstellungen: «Süßhunger» (Bremen 1990, zus. mit D. Richter); «Maschinenphantasien. Zur Kulturgeschichte des Mensch-Maschinen-Verhältnisses» (Lüneburg 1992, Dresden 1994, Dortmund 1996). Derzeit hauptberuflich publizistische Tätigkeit bei verschiedenen öffentlich-rechtlichen Rundfunkanstalten sowie überregionalen Zeitungen. Features, Essays, Dokumentarfilme.

Publikationen zur Kultursoziologie und historischen Soziologie, zum Wandel von Subjektstrukturen, zur Geschichte des Körpers und von Mentalitäten, zu Technik und Kultur, Visualisierung der Moderne, Psyche und Gesellschaft, Psychoanalyse und Geschichte.

Wichtigste Buchveröffentlichungen: «Der verdrängte Alltag. Henri Lefèbvres marxistische Kritik des Alltaglebens», Gießen 1975; «Warum sind wir so unersättlich? Über den Bedeutungswandel des Essens», Frankfurt 1987; «Der flüchtige Blick. Sehen und Identität in der Kultur der Neuzeit», Reinbek 1989.

Quellennachweis der Abbildungen